VISION DU MONDE ANGELIQUE

REFLEXIONS
SERIEUSES
ET IMPORTANTES
DE
ROBINSON CRUSOE.

Faites pendant les Avantures surprenantes de sa Vie.

AVEC SA VISION
DU MONDE ANGELIQUE.

Traduites de l'Anglois.

TOME CINQUIE'ME.

A AMSTERDAM,
Chez l'HONORE' & CHATELAIN.

M. DCC. XXI.

PRÉFACE
DU
TRADUCTEUR.

VOICI enfin l'Enigme des *Avantures* de ROBINSON CRUSOE expliquée ; c'est une espece de *Telemaque Bourgeois*, dont le but est de porter les hommes ordinaires à la Vertu, & à la Sagesse par des évenemens accompagnez de réflexions. Il y a pourtant quelque chose de plus dans l'Histoire de *Robinson* que dans les Avantures de *Telemaque* ; ce n'est pas un simple Roman ; c'est plûtôt une *Histoire Allegorique*, dont chaque incident est une emblême de quelque particularité de la vie de nôtre Auteur. Je n'en dis pas davantage sur cet article, parce qu'il l'a traité à fond lui-même dans la Préface, que j'ai traduite de l'Anglois, & dont je conseille fort la Lecture, à tous ces hommes brusques, qui se sont fait une assez ridicule habitude de sauter tous les Discours Préliminaires des Livres.

L'Ouvrage qu'on donne ici au Public & qui fait le troisiéme Volume de *Robinson Crusoe*, est de tout un autre tour que les deux Parties précédentes, quoiqu'il tende à un même but. L'Auteur y met, pour ainsi di-

à

re, la derniere main à son projet de réformer les hommes, & de les engager à se conduire d'une maniere digne de l'excellence de leur nature. Il n'est pas content de leur avoir donné des instructions enveloppées dans des fables, il trouve bon d'étendre ses préceptes, & de les donner d'une maniere directe, afin que rien n'y échappe à la pénétration du grand nombre de Lecteurs, qui n'ont pas assez de genie, pour démêler l'ame de l'Allégorie du corps, qui l'enveloppe.

Il ne faut donc plus s'attendre ici à voir un Marinier sans étude, qui communique au Public les impressions que les differens évenemens de sa vie ont fait sur son esprit, & qui les communique d'une maniere, qui caracterise un simple bon sens destitué du secours des lumieres acquises. L'Auteur quitte le masque dans ce troisiéme Volume; il y parle en Philosophe, & en homme de Lettres, il ne raisonne point par sentiment; mais par principe; il approfondit les matieres, il digere ses réflexions & il s'efforce à en mettre l'évidence dans tout son jour. Il est vrai, qu'il n'affecte pas ce stile concis, & sententieux, par lequel nos Auteurs François tâchent de relever leurs reflexions & leurs caracteres. Voulant être utile à toutes sortes d'hommes, il est simple, uni, familier; c'est un stile de conversation denué de tout ornement & propre à faire briller la Verité par sa seule splendeur naturelle. Il est vrai même qu'il outre un peu quelquefois cette simplicité, & qu'il donne dans une diction proverbiale & bourgeoise. Heureusement pour lui ses Compatriotes ne sont pas si délicats là-dessus, que les François, & le *Vrai couvert de haillons* leur plaît infiniment davantage, que *le mauvais Sens* déguisé sous la plus riche parure.

La plûpart des Reflexions, qu'on verra ici ont de la liaison avec les Avantures rapportées dans les deux premiers Volumes, & l'on en sera convaincu sans peine, par une espece de Sommaire, que je m'en vais donner ici des differents articles traitez dans cette troisiéme Partie.

La vie solitaire, que *Robinson Crusoe* a passée pendant un si grand nombre d'années, dans une Isle deserte, lui donne d'abord occasion de tourner ses pensées sur la solitude, & sur le veritable usage, qu'on doit en faire. Il démontre parfaitement bien l'extravagance de ces *anachoretes* qui confondent *la solitude utile*, avec une privation de la Societé civile, & du commerce des hommes, & il fait voir par les preuves les plus fortes & les plus sensibles, que la solitude qui convient à l'Homme, n'est autre chose que la situation calme d'une ame, qui se rendant indépendante de l'empire des Passions, & des préjugez; se retire en elle-même, & se possede tranquillement au milieu de l'embarras des affaires. Le Lecteur capable de reflechir, trouvera parfaitement bon & très-juste tout ce que l'Auteur dit là-dessus, j'ose en être garant:

On aura remarqué sans doute, dans les deux premieres Parties, que *Robinson Crusoe*, si malheureux dans tout le cours de sa vie, sujet à tant de desastres, a pourtant ce bonheur consolant de rencontrer par tout des personnes d'une grande probité, & d'une charité genereuse. Telle est la bonne Veuve, à qui il laisse en dépôt tout son bien, en se préparant pour sa premiere course ; tel est le Capitaine Portugais, qui le prend dans son bord au beau milieu de la Mer, & qui agit avec lui plûtôt avec la tendresse d'un Pere, qu'avec cette humanité que les hommes se doivent mutuellement. Une expérience si rare conduit l'Auteur naturellement à parler du vrai caractere d'*honnête homme* ; il traite cette matiere à fond en plusieurs Sections consecutives, & il entre là-dessus dans un détail, qu'il est trés-difficile de trouver ailleurs. Il fait voir que la Vertu, qu'il appelle *Honnêteté* & que j'ai pris la liberté de nommer quelquefois de la même maniere contre l'usage reçû, consiste dans une charité, & dans une justice genereuse, & qu'elle comprend tous les devoirs de la vie civile; il prouve, qu'on n'est jamais sûr de posseder cette Vertu, que lorsqu'on a été dans le creuset de l'adversité, & dans les plus fortes

tes tentations ? qu'à parler à la rigueur, il n'y a pas de parfaitement honnêtes gens, même parmi les plus grands Saints, & que pour juger du caractere d'un homme, il faut examiner toute la suite de ses actions, & ne se pas arrêter à quelques irrégularitez passageres, qui peuvent avoir pour cause, une tentation moralement invincible. Cette verité lui donne occasion de s'étendre beaucoup sur les jugemens temeraires, & sur la facilité, avec laquelle nous nous condamnons les uns les autres, ou pour des fautes apparentes, ou pour des fautes legeres, qui ne détruisent pas le caractere d'un homme. *Robinson Crusoe* parle de ce sujet avec tant de chaleur, qu'il n'est pas difficile de comprendre, qu'il plaide sa propre cause, & qu'il se croit plus maltraité qu'un autre, par la calomnie, & par des jugemens peu charitables.

L'article suivant a une relation plus éloignée avec les courses de *Robinson*; il roule sur les vices, & sur les irrégularitez, qui se sont glissées dans le commerce Civil, & sur tout dans la conversation. Il la considére comme le plus grand avantage de la Société, & comme une source féconde de plaisirs aussi innocents que sensibles. Malheureusement la conversation se ressent de la corruption humaine, qui semble prendre d'âge en âge de nouvelles forces, & l'Auteur trouve bon de renfermer ces vices & ces irrégularitez des entretiens ordinaires, sous trois chefs, la *pro-*

fanation, l'*obscenité*, & le *mensonge*. Quoique ces matiéres paroissent usées, j'ose assurer, qu'il fait sur ces différents articles, plusieurs réflexions, qui outre leur justesse, ont encore les graces de la nouveauté. A l'égard du dernier il laisse là le mensonge grossier, qui a pour but de nuire au prochain, & il ne s'attache, qu'à ces petites *menteries*, dont on croit se servir innocemment, quand on n'en fait usage que pour divertir une compagnie, & pour s'attirer le titre d'homme agréable.

Le grand nombre de pays que l'Auteur a parcourus, porte ses réflexions sur l'état où la Religion se trouve dans l'Univers. Il découvre par tout assez de Dévotion extérieure, & de zéle pour des idées qu'on ne comprend pas trop, mais fort peu de vertu & de respect pour la Divinité. Ce qu'il y a à mon avis de meilleur dans cet article, où je trouve beaucoup de choses excellentes, c'est la description, que l'Auteur fait d'un *Jour d'action de Graces*, qu'il vit célébrer en Angleterre, pour une victoire signalée, remportée par les Alliez sous le Régne de la Reine Anne. Des gens qui s'écrasent pour voir la Reine ; l'Eglise de S. Paul remplie de personnes de toutes sortes de condition, plus attachées à regarder les gens de qualité qui avoient suivi Sa Majesté, qu'à adresser des pensées reconnoissantes à la Divinité ; des Hymnes chantées avec plus d'art que de Dévotion ; des coups de canon ; de l'ivrognerie, des querelles, & des débauches font toute la solennité de ce grand jour, & la Religion n'en est que le prétexte.

Cette recherche est suivie d'un paralelle mortifiant entre les Peuples Chrétiens, & les Nations Payennes, & Mahométanes. L'Auteur fait voir combien est petit le nombre des premiers, en comparaison de celui des autres. Il croît que jusqu'ici les Prophéties, qui rangent toute la terre sous la domination de Je-sus-Christ, ne peuvent pas être censées accomplies. Il indique aux Souverains Chrétiens, un moyen de se rendre les instrumens de la Providence Divine, pour l'execution d'un si grand ouvrage. Il les croit capables par la bonté de leurs troupes, de se soûmettre en peu de temps toutes les Nations infidelles, & il seroit charmé de leur voir prendre ce parti ; ce n'est pas qu'il ne condamne la persécution, & l'extravagance d'employer la force pour convertir les hommes efficacement. Mais il ne trouve point qu'il y ait d'inconvenient, à aller détruire par les armes l'empire extérieur du Diable, à renverser les Temples & les Idoles, à éloigner de cette maniere l'Idolatrie des yeux de ces Nations malheureuses, & à ouvrir par là la porte à la prédication de l'Evangile ; il voudroit au reste, que dans une pareille guerre on épargnât le sang, autant qu'il seroit possible, & qu'on traitât les Peuples soumis, avec justice, avec bonté, & d'une maniere à s'attirer leur estime & leur tendresse. Tout le monde ne sera sur ce sujet du sentiment de l'Auteur, ni par raport au droit ni par raport à la facilité de l'exécution; mais j'ose croire, que ceux-là même, qui ne sont pas de cette opinion, avouëront, qu'il a donné à un sentiment, qui leur paroît insoutenable tout l'air de vraisemblance, dont il peut être susceptible.

Le Lecteur aura facilement remarqué dans tout le cours des Avantures de *Robinson Crusoë*, qu'il est d'opinion, qu'il faut respecter certains pressentiments, certaines impressions, qui semblent déterminer nôtre volonté, sans que la Raison s'en mêle; ce n'est pas seulement, comme on pourroit croire, en qualité de Marinier, qu'il soutient, qu'il ne faut pas négliger ces sortes de mouvemens; Il fait dans cet ouvrage en qualité de Philosophe, une Dissertation à part, pour établir son opinion, sur des principes de raisonnement, & sur l'experience. Cette Dissertation roule sur le *devoir d'écouter la voix secrette de la Providence.* Par *écouter cette voix* il entend 1. étudier attentivement les méthodes dont se sert la Divinité, pour conduire les choses humaines, & tirer de cette Etude des regles, qui nous enseignent, à nous procurer certains avantages, & à éviter certains malheurs, qui semblent nous menacer. 2. Il entend par là, recevoir avec docilité des pressentiments & des mouvemens du cœur, dont il ne nous est pas possible de rendre raison, comme des conseils, qui nous sont donnez par *les Intelligences pures* ; qui ont un commerce incomprehensible, avec les Esprits enfermez dans des Corps.

Toutes ces differentes Sections sont suivies par une Piece toute particuliere intitulée, *Vision du Monde Angelique*. Cet Ouvrage est si singulier que je trouve à propos de n'en point indiquer la matiére, & de laisser la curiosité du Lecteur dans toute sa force à cet égard. Tout ce que j'en dirai c'est que je suis sûr que les Lecteurs seront plus partagez sur cette Piece, que sur toutes les Dissertations précédentes, & qu'il sera autant admiré des uns, que méprisé des autres. Quoiqu'il en soit, je ne doute pas que le Public ne reçoive avec le même plaisir ce troisiéme Volume, qu'il a reçu les deux autres, dont celui-ci n'est, pour ainsi dire, que la *Morale*.

PRE-

PREFACE
DE
ROBINSON CRUSOE.

SELON la maxime très-véritable des Philosophes, ce qui est le premier dans l'intention est le dernier dans l'exécution. Conformément à ce Principe je me trouve obligé d'avouer au Lecteur que ce present Ouvrage n'est pas proprement l'effet & la suite de mes deux premiers Volumes, mais que ces premiers Volumes sont plûtôt l'effet de celui-ci ; la raison en est claire ; la Fable est toûjours faite pour la Morale, & non pas la Morale pour la Fable.

Il m'est revenu que la partie envieuse, & mal intentionnée du Public a fait quelques objections contre mes premiers Volumes, sous prétexte que ce n'est qu'une fiction, que les noms en sont empruntez, & que tout en est parfaitement Romanesque. On soutient que le Heros & le lieu, sont inventez, & que jamais la vie d'un homme n'a été veritablement sujette aux Révelations, que j'ai décrites ; en un mot que le tout n'a été destiné qu'à duper le Public.

Moi Robinson Crusoe, me trouvant à present, graces à Dieu, sain d'esprit & de memoire, déclare que cette Objection est aussi maligne par raport au dessein, que fausse à l'égard du fait. Je proteste au Public que mon Histoire

quoi

quoi qu'allegorique, a pourtant une baze rielle ; que c'est une belle representation d'une vie sujette à des Catastrophes sans exemple, & à une varieté de révolutions qui n'a jamais eu de pareille, & que j'ai destiné ce tableau extraordinaire uniquement à l'utilité du Genre humain. J'ai déja commencé à exécuter ce dessein dans mes premiers Volumes, & je me propose de continuer dans celui-ci à tirer de tous ces incidens, les usages les plus serieux & les plus importants qu'il me sera possible. Je déclare encore, qu'il y a actuellement un homme plein de vie, & trés-bien connu dont les actions & les infortunes font le veritable sujet de l'Histoire que j'ai donné au Public, & auxquelles chaque partie de cette Histoire fait allusion d'une maniére trés-naturelle ; C'est la verité toute pure, & je la signe de mon nom.

La fameuse Histoire de Don Quichotte, Ouvrage que mille personnes lisent avec plaisir, contre une seule, qui en penetre le veritable sens, est une allegorie satirique de la vie du Duc de Medina Sinodia, personnage qui a été fort illustre en Espagne, du temps que ce Livre fut fait. Ceux qui connoissoient l'Original, apperçurent sans peine la vivacité & la justesse des images employées par l'Auteur Il en est de même de mon Histoire, & quand certain Ecrivain malicieux a prétendu répandre sa bile contre moi, en parlant du Don Quichottisme de Robinson Crusoe, il a fait

voir

PREFACE.

voir évidemment qu'il ne favoit pas ce qu'il difoit. Il fera peut-être un peu furpris quand je lui dirai que cette expreffion, qu'il a cru très-fatirique, eft le meilleur éloge, qu'il pouvoit faire de mon Ouvrage.

Sans entrer ici dans un grand détail des vûes de ce Volume, il fuffira de dire, que les heureufes confequences que je m'y fuis efforcé de tirer des particularitez de mon Hiftoire, dédommageront abondamment le Lecteur de n'avoir pas trouvé dans l'Hiftoire même l'explication de ce qu'il y a d'allegorique. Il peut être perfuadé que quand dans les remarques & dans les reflexions de ce Volume je fais mention des jours que j'ai paffez dans les deferts, & que je fais allufion à d'autres circonftances de mon Hiftoire, ces circonftances, quoique placées dans un jour emprunté, ont un fondement véritable dans ce qui m'eft arrivé réellement dans le cours de ma vie. Telle eft la frayeur qui s'empara de mon Imagination à la vûe d'une veftige d'homme, la furprife où me jetta la vieille chevre que je trouvai dans la Grotte, les Chimeres qui m'agiterent dans mon lit, & qui me le firent quitter avec précipitation. Tels font encore le Songe dans lequel je m'imaginai être arrêté par des Archers & condamné comme Pirate par des Officiers de mer, la maniere dont je fus jetté à terre par une vague, le Vaiffeau devoré par le feu au milieu de la mer, la defcription que j'ai faite de ce qui arrive à une perfonne qui meurt de faim

faim, l'Histoire de mon Valet Vendredi, & plusieurs autres particularitez importantes de mon Histoire dont j'ai tiré des reflexions pieuses. Elles sont toutes fondées sur des faits réels. Il est certain que j'ai eu un Perroquet que j'avois instruit à m'apeller par mon nom ; j'ai eu réellement un Esclave sauvage, qui devint Chrétien, & qui étoit apellé Vendredi. Il m'a été enlevé par force, & il est mort entre les mains de ses ravisseurs, ce que j'exprime en disant qu'il est mort dans un Combat contre des Barbares. Tout cela est vrai à la lettre, & si je voulois entrer dans certaines discussions, je pourrois le prouver par le témoignage de plusieurs honnêtes-gens, qui sont encore en vie. Toute la conduite de cet Esclave, telle que je l'ai dépeinte, a une relation exacte avec les secours, que mon fidelle Vendredi m'a donnez, dans mes desastres réels & dans ma solitude réelle.

L'Histoire de l'Ours dans l'arbre & du combat avec les Loups dans des montagnes couvertes de neige sont encore des faits veritables ; En un mot les Avantures de Robinson Crusoe roulent sur une suite réelle d'une vie de vingt & huit années passées dans les circonstances les plus tristes & les plus affreuses, qu'aucun mortel ait jamais essuyées. Pendant tout ce temps, ma vie a été sujette à des révolutions miraculeuses, à des orages continuels ; j'ai combattu réellement les barbares, & les Antropophages de la plus mauvaise espece, au milieu

PREFACE

milieu d'une variété d'incidents très-surprenante ; j'ai été nourri par des miracles qui surpassent celui des corbeaux qui portoient de la nourriture à un Prophete ; j'ai souffert toutes sortes de violences, & d'oppressions ; les reproches les plus injurieux, les mépris du Genre humain, les attaques des Démons J'ai essuié des châtimens propres à me corriger, de côté du Ciel, & des traverses cruelles, du côté de la Terre ; j'ai été le jouet de vicissitudes sans nombre ; je me suis vû dans un esclavage plus rude, que celui qu'on peut essuyer chez les Turcs ; j'en suis échapé par une conduite aussi extraordinaire & aussi bien ménagée, que celle que j'ai dépeinte dans mon Histoire, en raportant la maniere dont je me dérobai des Côtes de Salé dans une chaloupe, accompagné du petit Xuri ; j'ai été sauvé au milieu dans la milieu de la plus grande extremité ; je me suis rélevé de mes malheurs, & ensuite j'y ai été abymé de nouveau à differentes reprises, & peut-être plus souvent qu'aucun homme, qui ait jamais existé ; j'ai fait des naufrages allegoriques sur terre, & quelquefois même sur mer. Enfin il n'y a pas une seule particularité dans mon Histoire emblematique, qui ne réponde avec la derniere justesse, & avec l'exactitude la plus scrupuleuse, aux Avantures merveilleuses de Robinson Crusoe.

Conformément à ce que je viens d'établir, lorsque dans les Reflexions suivantes je parle des temps & des circonstances de quelques actions que j'ai faites, ou de quelques incidents qui me sont arrivez, pendant que j'ai vécu dans mon Isle, le Lecteur impartial doit avoir la bonté de suivre l'idée, que je viens de lui donner Il doit comprendre que je parle de cette partie de mon Histoire réelle, à laquelle mon séjour dans l'Isle fait une allusion. Par exemple, dans la derniere partie de mon Ouvrage, appellée la Vision, je commence ainsi : Lorsque j'étois souverain Monarque de mon Isle, j'avois une quantité de Notions surprenantes de ma maniere de voir des apparitions. Toutes les Reflexions qui suivent là-dessus sont un tableau veritable de la situation, où je me suis trouvé dans une retraite forcée, qui est représentée dans mon Histoire allegorique par une vie solitaire menée dans l'Isle. Rien n'est plus naturel que de representer une vie solitaire d'une certaine espece, par une vie solitaire d'une autre espece, & si une telle Allegorie n'est pas permise il ne doit jamais être permis d'exprimer des réalitez par des Emblêmes. Pour les portraits que j'ai tracez de mes frayeurs & de mes imaginations extravagantes, ce sont des représentations de ce qui m'est arrivé réellement, & il n'y a rien de changé dans

mon

mon Histoire excepté la liberté que j'ai prise de transporter la scene d'un lieu dans un autre.

Les Observations que j'ai faites sur la vie solitaire sont précisément de la nature, & il suffira d'avertir une fois pour toutes, que tout ce qui dans le present Volume a du rapport aux Volumes precedents doit être pris dans ce sens. Je prie le Lecteur de s'en souvenir à mesure qu'il avancera dans la lecture de cet Ouvrage.

Il ne suffit pas qu'une Allegorie soit juste, elle doit être encore utile. J'ose dire que celle ci l'est parfaitement, & qu'elle tend au grand but des Emblemes & des Paraboles, l'avancement de la Religion & des bonnes mœurs. On voit dans mon Histoire une patience invincible, qui soutient le poids des plus affreuses miseres. Une force d'esprit & un courage inébranlable dans les circonstances les plus propres à décourager une ame ferme : ces vertus y sont recommandées comme les seules routes, par lesquelles on peut sortir d'un Labyrinthe de Catastrophes, & le succès que j'y donne à ces dispositions Héroïques, sont très-capables d'affermir dans les malheurs des Esprits les plus indolents, & les plus foibles.

Si je m'étois servi de la manière ordinaire d'écrire la Vie d'un particulier ; si j'avois pris pour sujet celle d'un homme connu, dont les infortunes auroient été peut-être un sujet de Triomphe pour quelques-uns de mes Lecteurs, tout ce que j'aurois dit, bien loin de procurer au Public quelque divertissement, auroit été à peine jugé digne d'attention, & mes instructions semblables à cet égard à celles d'un Grand Maître, auroient été sans doute méprisées dans le pays de ma naissance. Les faits pour être propres à fraper l'Esprit doivent être arrivez dans un pays éloigné, & à une personne qui ne soit pas familière à l'imagination. Les Miracles même du Sauveur du Monde s'attirerent le mépris de ceux qui faisoient réflexion, que leur auteur étoit fils d'un Charpentier, que sa famille étoit dans la pauvreté & dans la bassesse, & que ses freres & sœurs étoient confondus avec le petit peuple.

De cette Réflexion même paroist naître une difficulté touchant la réussite de ce dernier Volume. On peut douter, que les instructions, qu'il renferme, soient propres à faire quelque impression, puisque la scene, qui y a donné lieu, & qui étoit placée dans un si grand éloignement, est à présent approchée & degagée de toutes les illusions qui ont tant contribué à la faire paroître agréable.

Quoique cette difficulté ne soit que trop bien fondée, je ne m'en inquiete gueres. Je suis convaincu, que si ce siécle opiniâtre ferme les oreilles aux Réflexions tirées dans ce Volume des faits qui sont raportez dans les précedents, un âge viendra, où le cœur humain sera plus souple, & plus docile, où les préjugez des Peres n'auront point de prise sur la Raison des Enfans, & où les preceptes, qui recommandent la Religion & la Vertu, trouveront des disciples reconnoissants. Il viendra un âge où les Neveux se leveront en jugement contre leurs ancêtres, & où une Generation sera édifiée par les Leçons, qu'une autre Generation aura regardé avec mepris.

REFLEXIONS SERIEUSES ET IMPORTANTES DE ROBINSON CRUSOE.

****

INTRODUCTION.

Il faudroit que j'eusse tiré fort peu d'usage de mes courses, & de ma vie solitaire, si après ce tissu de merveilles, qui s'est étendu sur toute ma vie, j'étois incapable de communiquer au Public quelques reflexions, où l'agrément accompagnât l'utilité.

Tome V   A   CHA-

CHAPITRE I.
DE LA SOLITUDE.

Elle est incapable de rendre l'homme heureux, & fort mal assortie aux devoirs d'un Chrétien.

ON croira sans peine que j'ai souvent reflechi, avec une grande varieté de pensées, sur les circonstances ennuyeuses de cette Vie solitaire, dont j'ai donné un fidelle tableau dans les volumes précedens, & dont le Lecteur aura gardé sans doute quelque idée dans la memoire. Je me suis étonné quelquefois qu'il soit possible de soûtenir un pareil état, sur tout dans le commencement, quand un changement si terrible doit faire de profondes impressions sur une imagination, qui n'y est pas accoûtumée. D'autrefois je me suis tout autant étonné, qu'une situation pareille puisse être une source de chagrin & de tristesse. Quand nous jettons un œil attentif sur le théatre de la Vie humaine, où nous joüons tous nôtre rolle, nous voyons distinctement, que la piéce que chacun de nous y represente, n'est, à proprement parler, qu'un soliloque.

Nous ne jugeons du bonheur & du malheur, que selon que les objets touchent nos incli-

inclinations naturelles. Chaque chose roule dans nôtre esprit par une infinité de mouvemens circulaires, dont nôtre intérêt particulier est le centre. C'est nôtre goût particulier, qui nous fait considerer ces differents états de la vie, comme *prosperité & adverfité, fources de joye, ou caufes de chagrin*. Nous en jugeons de la même maniere que nôtre palais décide des mets. Ce qui est agréable ou chagrinant dans le monde vient moins de la nature même des choses, que de la constitution particuliere de celui qui les considére sous une telle ou telle face.

De cette maniere, c'est nous seuls, que nous cherchons dans le Monde entier; chaque individu humain regarde ce cher *Moi*, comme le but de tous ses desirs, & l'on peut dire avec verité qu'un homme est seul au milieu de la plus grande foule, & du tumulte de la vie la plus affairée. Toutes ses reflexions ont un retour perpetuel sur lui-même; il rapporte à lui tout ce qu'il trouve d'agréable, & il souffre lui seul, tout ce qu'il trouve de chagrinant, dans les objets qui l'environnent.

A parler proprement nous n'avons rien à démêler avec le chagrin ni avec la joye des autres hommes, & ces sympathies secrettes qui semblent nous les faire partager aboutissent réellement à nous-mêmes. Nos méditations font une parfaite solitude; nous aimons, nous haïssons, nous desirons, nous joüissons,

en

en un mot nous exerçons toutes nos passions en secret, & dans la retraite; tout ce que nous en communiquons aux autres, n'est que pour les porter à entrer dans les vûës de nos desirs.

Pourquoi donc se faire une idée affreuse d'une vie passée dans le silence ? & quelque cause d'affliction a un homme quand par la voix de l'Ame il peut parler à Dieu & à lui-même ? Un homme n'est jamais privé de l'agrément de la Conversation, quand il s'efforce à être une bonne compagnie pour lui-même, & celui qui ne sçauroit entrer dans un agréable commerce avec son propre individu est incapable de joüir comme il faut du plaisir de la Societé.

Pour la solitude entenduë dans le sens ordinaire, elle n'est, à mon avis, en aucune maniere assortie à la vie d'un Chrétien, ou d'un homme sage, trés-differente à cet égard de la solitude réelle & Philosophique. Avant que de faire voir les differens avantages de la derniere, & de décrire la maniere dont il faut se les ménager; j'expliquerai ce que c'est proprement. Les idées, que j'ai de la solitude, sont fort differentes de celles du Vulgaire, qui ont conduit les hommes des premiers siécles, & qui conduisent encore plusieurs de ceux qui vivent à present, dans des deserts & qui les renferment dans les Cellules des Monasteres, pour les retirer du commerce du monde. Je ne vois pas dans toutes ces retraites

traites une ombre de ce que j'appelle *solitude*, elles ne répondent à aucune des vûës d'une vie solitaire, bien loin de toucher au but auquel elles sont destinées, par ceux qui en parlent si avantageusement.

Si jamais retraite pouvoit produire l'effet qu'on en attend, ce devroit être la retraite dans une Isle deserte, qui emporte avec elle une absence de toute la Societé humaine, & par consequent un privation absolue de tous les plaisirs du monde. Mais tout ce que j'ai trouvé dans une vie si parfaitement retirée n'étoit pas solitude, excepté la partie que j'employois à la contemplation des choses [su]blimes, & qui étoit très-petite, compar[ée] à cette longue suite d'années, que j'ai passées par force dans ce desert.

Je puis dire même, que rien n'est plus éloigné de la veritable retraite, que cette retraite involontaire, où j'ai été forcé de vivre, puisque mon Ame, du moins pendant long-temps, n'y étoit pas dans cet état calme, qui convient à la *solitude*, dont je veux donner l'idée. Il est certain que je joüis d'une *solitude* plus parfaite, pendant que j'écris ce-ci, & que je me trouve dans la Ville de Londres, au milieu du plus grand assemblage d'hommes, qu'on puisse rencontrer dans le monde, que celle dont j'ai joüi pendant les vingt & huit années de mon séjour dans une Isle deserte.

J'ai entendu parler d'un homme qui choqué au suprême degré des désagrémens, qu'il trouvoit dans le commerce de quelques-uns de ses proches parens, dont il lui étoit impossible d'éviter la societé, prit la résolution de garder un silence éternel. Il soutint pendant long-temps le parti extraordinaire qu'il avoit pris; ni les prieres de ses plus intimes amis, ni les larmes de son épouse & de ses enfans, n'eurent assez de force pour lui faire prononcer une seule parole. C'étoit sans doute leur mauvais procédé avec lui, qui lui avoit inspiré un si bisarre dessein; ils étoient accoûtumez à lui tenir des discours piquants, qui le jettoient dans une colere excessive, & qui lui arrachoient des reparties brusques & indécentes. L'experience, qu'il en avoit faite, l'avoit porté à cette methode cruelle, de se punir lui-même pour s'être abandonné à l'emportement, & de punir les autres pour y avoir donné sujet.

A examiner pourtant la chose de prés, cette Penitence étoit quelque chose d'impardonnable, elle gâta toutes ses affaires & ruïna sa famille de fond en comble. Son Epouse, aprés avoir fait tous les efforts imaginables, pour lui faire rompre un silence si opiniâtre, l'abandonna, & ensuite s'abandonna, pour ainsi dire, elle-même; une noire melancolie lui ayant ôté l'usage de la Raison. Les Enfans de ce malheureux Pere se retirerent l'un d'un côté, l'autre, d'un autre, excepté une seule fille, qui l'aimoit de la maniere

nière la plus tendre? Elle resta avec lui, lui rendit toutes sortes de services, & eut la complaisance de ne lui parler que par signes & d'observer à son égard un silence aussi austère que le sien pendant l'espace de 29. ans. Devenu malade à la fin, & tombé dans un délire, au milieu d'une fièvre chaude, il se mit à prononcer quelques paroles mal articulées sans savoir ce qu'il faisoit. La santé de l'esprit lui revint avec celle du corps, & il ne se fit plus une peine d'entrer en conversation avec sa fille, quoiqu'il lui arrivât rarement de parler à d'autres.

Ce Penitent taciturne cependant ne resta pas dans le silence par rapport à lui-même; il s'occupoit perpetuellement à lire & à coucher sur le papier plusieurs excellentes reflexions, qui meriteroient de voir le jour; fort souvent on l'entendit adresser ses prieres à Dieu tout haut, & avec beaucoup de ferveur. Malheureusement ce qu'il y avoit de criminel dans le parti du silence, qu'il avoit pris sans doute conformément à quelque vœu, affoiblissoit beaucoup ce qu'il y avoit d'édifiant dans sa conduite, & dans ses reflexions pieuses.

S'il avoit été sans famille, & dans un païs étranger, où sa résolution ne pouvoit nuire à personne, son vœu auroit été du moins aussi sensé, que les vœux de mener une vie solitaire & de se livrer entierement à la prière & à la contemplation des choses célestes;

vœux dont les Peres de l'Eglise Primitive ont fait tant de cas, & dont les Monasteres & les Ordres Religieux ont tiré leur origine.

Les Juifs dirent que Jean-Baptiste avoit un Diable, parce qu'il affectoit de vivre dans le désert, & ils fonderent cette décision impertinente sur ce vieux Proverbe ; *que toute personne qui mene une vie solitaire doit être un Ange, ou un Diable.*

L'observation rigoureuse d'un vœu de silence perpetuel rendroit un homme aussi retiré au milieu de la Bourse de Londres, qu'un Hermite dans sa Cellule, qu'un Anachorete dans les deserts de l'Arabie. Il en retireroit les mêmes avantages, qu'on espere d'une solitude formelle, sans tomber, par un défaut impardonnable de bon sens, dans les inconveniens, qui accompagnent une vie qu'on mene au milieu des Bêtes feroces. L'Ame humaine restrainte à une conduite reguliere, quoi-qu'elle se trouve environnée de la foule la plus épaisse, est aussi parfaitement separée de la societé des hommes, que si elle avoit relegué le corps, qui l'envelope, dans une Isle inhabitée.

Il est certain que cette solitude physique, à laquelle on se condamne par un principe de Religion, & dont on se fait un si grand mérite, n'est dans le fond qu'un aveu formel de la foiblesse de nôtre esprit, de l'inconstance de nos résolutions & de nôtre incapacité à réduire nos desirs dans de justes bornes.

bornes Un homme est fortement persuadé que la felicité suprême consiste dans un commerce intime avec le Ciel, dans une contemplation non interrompuë des choses celestes, & dans un attachement perpetuel à la priere & aux méditations pieuses. Mais convaincu qu'une telle vie n'est guere compatible avec la chair & le sang, il force son Ame à enlever son Corps, & à le conduire dans un lieu solitaire, dont il ne sauroit jamais se tirer, & où il lui est absolument impossible d'avoir quelque commerce avec le Genre-humain. Cette conduite paroît belle à la premiere apparence; mais il est évident qu'on y découvre de grandes imperfections quand on y réflechit attentivement.

Un Chrétien peut joüir de tous les avantages de la solitude la plus austere, en se rendant maître absolu de ses desirs & de son imagination, ou en cherchant sa retraite en lui même; il en peut joüir sans aucune de ces formalitez, de ces austeritez & de ces mortifications si édifiantes en apparence, en un mot sans violenter la Nature humaine, & sans renoncer à certains devoirs du Christianisme, à la Communion, aux Sacremens, & aux autres ceremonies de l'Eglise. A quoi sert-il de mener une vie errante au milieu des Lions & des Tigres, & d'occuper une cellule au haut d'une montagne aride, ou caverne dans une Isle deserte? Si le cœur est détaché du monde, si l'Ame est l'arbitre ab-

solu

solu de tous ses mouvemens, tout va bien. La chose n'est pas absolument impraticable; il ne tient qu'à l'ame d'exercer un empire despotique sur le corps. Ce n'est pas la retraite qui l'affermit sur son Thrône, sur tout ce n'est pas une retraite involontaire, comme étoit la mienne. Il est bien vrai, que les inquiétudes & les frayeurs mortelles, qui m'assiegerent d'abord, me plaçoient dans une situation fort propre à chercher du secours & de la consolation dans la méditation des choses celestes; mais d'un autre côté, ces inquiétudes me troubloient trop l'esprit, pour me livrer à la pieté avec le calme necessaire. La même chose m'arriva dans la suite par les allarmes frequentes, que me donnerent les Sauvages & qui remplirent mon imagination de tant de craintes, que perdant toute ma tranquillité, j'étois aussi incapable de quelque acte de pieté qu'un homme malade est peu propre au travail.

La contemplation des choses celestes demande un silence de l'Ame, qui ne soit jamais interrompu, par des mouvemens extraordinaires du cœur, ou par le trouble des passions; & cette situation paisible est plus compatible avec le cours ordinaire de la vie humaine qu'avec une retraite forcée.

Toute la difficulté consiste à se procurer une *Ame veritablement retirée*, une assiette d'esprit élevée au-dessus du monde. Quand nous y sommes parvenus, il dépend de nous

d'être

d'être seuls autant de fois que nous le voulons, dans la Compagnie la plus bruyante, & dans le plus grand tumulte des affaires. Si nous mettons nos pensées en liberté ; si nous les dégageons du joug de nos passions, que nous importent les liaisons où se trouve nôtre Corps ? L'activité de l'Ame n'est-elle pas indépendante du Corps quand nous le voulons, & le Corps n'est-il pas l'Esclave de l'Ame ? Le Corps a t.il des mains pour agir, des pieds pour marcher, une langue pour parler, independamment de l'Entendement & de la Volonté qui sont, comme les Deputez de l'Esprit qui nous anime ? Tous les sentimens, toutes les passions, qui possedent, dirigent, & agitent le Corps, n'ont ils pas leur séjour dans l'Ame ? Tout ce que nous avons à faire par consequent, c'est de maintenir l'Ame dans sa Souveraineté, qui n'a rien à demêler avec tel ou tel espace qu'occupe le Corps. Les mains, les pieds, la langue ne sont non plus capables de troubler le calme de l'Ame, que l'argent qu'un homme a dans sa bourse est capable d'en sortir sans son consentement, pour payer les dettes de son possesseur, ou pour fournir à ses besoins.

C'est aussi la liaison de l'Ame avec les objets exterieurs, si propres à interrompre ses méditations pieuses, qui fournit le prétexte le plus plausible à ceux qui cherchent les solitudes & les deserts. Mais quel profit en tire la Religion la plûpart du temps ? Un penchant vicieux, quoi qu'éloigné de son objet, est toûjours un penchant vicieux, & il est aussi criminel que s'il agissoit sur un objet present. Si, comme nous l'enseigne nôtre Sauveur, celui qui regarde une femme pour la convoiter, a déja commis adultere avec elle, il s'ensuit, que celui qui pense à une femme pour la convoiter est coupable du même crime, quoi qu'au lieu de s'offrir à ses yeux, elle ne soit présente qu'à son imagination. Ce n'est pas en transportant le Corps d'un lieu dans un autre, qu'on bannit ces sortes d'images du cerveau, ou qu'on leur ôte leur force tyrannique, c'est en dérobant son ame à la tentation, & en lui ménageant un pouvoir absolu sur ce penchant vicieux. Sans cette précaution ce desir criminel ressemble à de la poudre à canon qu'on tient éloignée du feu ; mais qui fera éclater sa violence, dés qu'on l'en approchera.

Tous les motifs qui nous portent vers le bien & vers le mal, sont dans l'Ame même ; les objets exterieurs ne leur servent que de causes secondes, & quoique certainement on rende les actes criminels impraticables, en mettant une distance entre les desirs & leurs objets, ce n'est pas-là la route qui mene à l'innocence. Le crime n'est pas seulement dans l'acte même, il est sur tout dans le desir de le commettre, & par conséquent cette séparation n'est rien, & ne produit aucun

cun effet falutaire. On peut commettre autant d'adulteres dans un Cloître où jamais femme n'entre, que dans tout autre endroit, & il eſt apparent que la choſe arrive préciſément ainſi.

Selon ces principes l'abſtinence du mal ne dépend pas entierement des limites qu'on preſcrit à ſes actions, mais encore dans les bornes qu'on donne à ſes deſirs, puiſque c'eſt pecher réellement, que de deſirer de pecher. L'acte que nous commettrions, ſi l'occaſion s'en preſentoit, doit être cenſé avoir été réellement commis, & l'on en eſt tout auſſi reſponſable ; quel ſecours par conſéquent la pieté peut elle tirer non-ſeulement des *retraites involontaires*, mais encore des vœux qu'on fait de propos deliberé de vivre dans la ſolitude? Dompter ſes deſirs vicieux, c'eſt l'unique preſervatif contre le peché.

Quelques années s'étoient écoulées aprés mon retour dans la Societé humaine, quand je commençai à regretter quelques heures ſolitaires, que j'avois paſſées dans mon deſert; cependant lorſque je réflechiſſois ſur le temps mal employé dans ma ſolitude même, je compris clairement, qu'un homme, quoiqu'abſolument ſeul, peut trouver pluſieurs occaſions de pécher, & qu'il y a des crimes ſolitaires, qui exigent de nous la repentance la plus vive.

La grandeur & l'excellence de l'homme,

dans quelques circonstances qu'il se trouve, consistent dans son indépendance par rapport au crime, & il est évident par l'experience, qu'il y a des Societez plus convenables à une vie réguliere, que la solitude la plus parfaite. Certaines gens soutiennent *qu'après la solitude la bonne compagnie est ce qu'il y a de meilleur, & de plus desirable, pour un homme de bien.* Je ne sçaurois être de cette opinion, & selon moi *après la bonne compagnie, rien n'est plus desirable que la solitude.* Comme il est certain que *point de compagnie du tout* vaux mieux que *la mauvaise compagnie*, il est évident, que *la bonne compagnie vaut* mieux que *point de compagnie du tout.*

Dans la solitude l'homme n'a commerce qu'avec lui-même ; & selon la remarque d'un Philosophe, il n'est pas trop sûr qu'il ne soit pas avec son ennemi ; mais celui qui est en bonne compagnie est toûjours convaincu d'être parmi ses amis.

Le commerce avec des personnes pieuses est une exhortation perpetuelle à éviter le mal & à s'attacher à une vie réguliere. On voit alors toute la beauté de la Religion prendre, pour ainsi dire, un corps, en éclatant par les exemples ; sa splendeur répand un jour perpetuel sur la laideur du vice ; en excitant le panchant naturel que nous avons pour l'imitation, elle nous accoûtume insensiblement à sentir le plaisir que l'habitude

bitude attache à la pratique de nos devoirs.

Dans une vie solitaire nous sommes privez de tous ces secours, il nous arrive quelquefois de nous conduire bien ou mal, comme il plaît à l'inconstance de nôtre humeur, qui n'est que trop souvent le guide de nos actions, & de nos pensées. Dans la solitude ce n'est que par nôtre propre force que nous resserrons dans de certaines limites nos pensées & nos actions ; rien ne nous soutient dans les efforts qu'il faut faire, pour mortifier, ou pour guider nos desirs ; nous sommes obligez de tirer tout de nos propres réflexions, qui privées des lumieres d'un ami éclairé peuvent s'égarer, & se laisser emporter par la fougue de la passion, & par la violence du préjugé.

Par conséquent, si vous voulez vous retirer du monde, retirez-vous dans le sein d'une compagnie de gens de bien ; que vôtre retraite soit de bons Livres & de bonnes pensées. Ces trois differentes retraites se donneront un secours mutuel pour faciliter les méditations de ceux qui veulent y mettre leur vertu à l'abri des Tempêtes du monde ; elles rectifieront leurs idées, & affermiront leur courage contre les attaques de leurs ennemis de dedans, & de dehors.

Se retirer du monde dans le sens ordinaire, c'est se retirer des gens de bien qui sont nos meilleurs amis ; se jetter dans une solitude parfaite, c'est abandonner le culte public

blic de la Divinité, & l'assemblée des Fidelles; par conséquent, c'est prendre un parti contraire à la pratique de plusieurs devoirs, que le Christianisme nous impose.

J'en conclus que la solitude dans laquelle on prétend se jetter dans des vûës Philosophiques & religieuses, pour éviter le danger attaché au commerce des hommes, est ou une erreur dans ceux qui se trompent eux-mêmes, ou une affectation dans ceux qui veulent en imposer aux autres. Elle ne sauroit jamais répondre aux vûës, où l'on semble la destiner, ni nous rendre plus propres à nous acquitter des devoirs du Christianisme; elle est même réellement contraire au véritable esprit de la Religion.

Que l'homme, qui veut tirer les avantages véritables de la *Solitude*, & qui comprend le sens Philosophique de ce mot, apprenne à se retirer en lui-même. La Méditation sérieuse est l'essence de la *Solitude*, & il faut la chercher autre part que dans les forêts & dans les cavernes. Un homme qui a sçû la trouver, & qui s'est rendu maître des occupations de son Ame, aura peut-être un air sombre & réservé, qui le fera soupçonner de *Quietisme*; mais ce sera un reproche mal fondé, dont il sera dédommagé abondamment par la douce serenité de son Ame, dont ceux, qui font briller une plus grande gayeté que lui dans tout leur air, n'ont peut-être pas seulement une idée.

Quels

Quels usages réels a-t'on tirez dans les premiers siécle de l'Eglise, de la retraite dans les deserts? Quel usage tire-t'on à present de la retraite dans les Abbayes & dans les Monasteres? Qu'a-t'elle produit que de la mélancolie, & des visions ridicules; La seule chose par laquelle il est possible de la recommander, consiste dans quelques austeritez & dans quelques actes de mortification. Mais une Ame véritablement retirée en elle même est aussi indépendante de ces austeritez que du fracas du monde; comme sa vertu n'est pas détournée par le tumulte de la vie civile, elle n'est pas affermie par ces sortes de mortifications affectées.

Quand l'Ame humaine s'attache avec force à quelque sujet important, elle est en quelque sorte élevée au troisiéme Ciel avec celle de Saint *Paul*, & tel homme peut bien dire avec cet Apôtre *si c'étoit dans le corps je ne sai, si c'étoit hors du corps, je ne sai.* C'étoit précisément dans une pareille extaze, que j'ai été frapé par ma *Vision Angelique*, dont j'ai joint une partie, à cet Ouvrage.

Il est trés-naturel de croire, qu'un homme si fort élevé audessus des objets ordinaires de nôtre commerce, ne sauroit former le moindre souhait d'en être éloigné; il se trouve dans la *solitude* la plus grande qu'il est possible d'imaginer. Par conséquent ne nous chagrinons jamais de l'impossibilité où nous croyons nous trouver, de nous separer du mon-

monde, apprenons à nous chercher une retraite au milieu du monde même, & nous y joüirons d'une *solitude* parfaite, mieux convenables à nos véritables desseins, que celle, qu'on trouveroit au haut d'une Pyramide d'Egypte, ou du Pic de Teneriffe.

Ceux qui ne font pas état de se retirer de cette maniére doivent, pour trouver la solitude, non seulement se séparer du monde, mais sortir hors du monde, leur mal est sans remede.

L'Homme est une Créature tellement formée pour la Société, qu'on peut dire non-seulement qu'il ne lui est pas bon d'être seul mais aussi qu'il lui est impossible de l'être. Nous avons si souvent besoin les uns des autres, & l'assistance mutuelle nous est d'une nécessité si absoluë, que ceux, qui nous ont debité les Vies des Anachorettes, qui s'étoient condamné à errer dans les deserts de l'Arabie, ou de la Libye, doivent se donner de temps en temps la peine de faire descendre les Anges du Ciel, pour assister ces prétendus Beats dans quelque vile occupation. Ils sont forcez à recourir à des miracles imaginaires, pour donner à leur narration un air de possibilité. Quelquefois ces Saints manquent d'eau, quelquefois de pain, & il faut de nécessité que quelque Phenomene miraculeux sorte d'une machine, pour les faire subsister sans nourriture. Des intelligences celéstes viennent quelquefois leur faire re la cuisine, quelquefois faisant la fonction de Medecin, ils leur apportent des remedes specifiques. Si Saint *Hilaire* vient se promenant sur les bords du Nil, il faut de necessité qu'un Crocodile vienne s'offrir humblement, pour lui faire passer l'eau. Il est vrai qu'on ne specifie pas qui des deux en fit la proposition, & de quelle maniere ils étoient devenus si familiers ensemble, mais il faut suposer qu'il y a encore du miracle là dedans.

Quelle relation toutes ces circonstances ont-elles à la retraite Religieuse de l'Ame, par le moyen de laquelle elle a commerce avec le Ciel au milieu des embarras de la vie ; sans avoir plus de liaison avec les objets qui l'environnent que ceux qui s'étoient releguez dans les deserts, en avoient avec les Forêts, les Montagnes, les Lions, & les Leopards

D'ailleurs il est certain que dans une vie aisée, où il est facile de trouver les choses nécessaires à la substance, desquelles les Saints ne peuvent pas se passer non plus que les autres, a plus de liberté, pour se séparer du monde, que dans une solitude, où il est nécessaire de s'inquiéter pour aller chercher une nourriture peu naturelle, parmi les herbes des champs.

La retraite Philosophique & véritablement religieuse est ouverte à tout le monde. Celui qui dit qu'il aime la solitude, mais que les embarras du monde l'empêchent d'en joüir, se trompe, ou nous veut tromper ;

il

il peut s'en mettre en poſſeſſion, où quand, & auſſi ſouvent qu'il le voudra, quels que puiſſent être ſon état & ſes occupations. Ce n'eſt pas le manque d'occaſion, qui peut nous détourner d'une vie ſolitaire ; c'eſt la manque de force d'eſprit.

J'ai connu un homme pauvre, mais homme de bien ; ce n'étoit qu'un ſimple Laboureur, mais aſſez ſenſé pour connoître la Vertu, & aſſez ami de lui-même pour la mettre en pratique. Un jour qu'il travailloit avec pluſieurs autres à tranſporter de la terre pour faire une terraſſe à l'entour d'un Vivier, ſa méditation ſur un ſujet trés-relevé le tranſporta ſi fort, qu'il ſe jetta tout droit avec ſa brouette, dans le Vivier où ſans un prompt ſecours, qu'on lui donna, il ſe ſeroit noyé indubitablement. Ce bon homme étoit réellement capable de ſe procurer une ſolitude parfaite, & je ſuis perſuadé qu'il en jouïſſoit en effet ; je lui ai entendu repeter ſouvent, qu'il étoit ſeul dans le monde ; 1°. Parce qu'il n'avoit point de famille qui pût diſtraire ſes ſentimens ; & ſes penſées, 2°. parce que la baſſeſſe de ſa condition le déroboit aux réflexions des gens diſtinguez, & 3° parce que ſes méditations pieuſes le plaçoient au deſſus du caractere des gens de ſa ſorte, parmi leſquels la vertu eſt plus rare que dans toutes les autres claſſes du Genre-humain. Selon lui à peine trouve-t-on parmi eux un homme ſobre, bien loin d'y rencontrer un hom-

homme de bien. De cette maniere il étoit réellement seul dans le monde, sans être lié à la Societé humaine, que par le travail qui lui procuroit sa subsistance. Son veritable commerce étoit dans le Ciel, commerce aussi doux & du moins aussi approchant de la felicité suprême que celui dont pouvoit joüir Saint *Hilaire* dans les deserts de la Libye au milieu des Tygres & des Crocodiles.

Si la retraite qu'on désigne communément par le terme de *solitude*, consistoit uniquement à éloigner son corps du commerce du monde, ce seroit peu de chose, & l'on pourroit y parvenir en quittant un lieu où l'on est connu pour aller vivre dans un pays étranger, en s'y accoûtumant à une vie retirée sans faire de nouvelles connoissances, & en ne frequentant les hommes, qu'autant qu'il seroit necessaire, pour en tirer dequoi vivre. Un Anachorette de cette espece auroit même plus d'occasion, que l'habitant d'un desert, de joüir d'une *solitude veritable* & de la raporter à son *veritable but*.

Dans la solitude dont je viens de parler, un homme possedant un bien trés-médiocre n'a autre chose à faire avec les hommes, que de recevoir d'eux les choses qui lui sont necessaires, & de leur en payer la valeur. Mais dans une vie errante au milieu des deserts, de laquelle toute la devotion Monacale tire son origine, il falloit se donner la peine de chercher la nourriture chaque jour; & excepté

cepté les cas, où les Anachorettes étoient favorisez par la Providence, de quelque miracle, ils avoient assez de peine pour sustenter leur miserable vie ; si nous en croyons leurs Histoires plusieurs d'entre eux sont morts de faim, & un plus grand nombre encore de soif.

Ceux qui avoient recours à cette vie solitaire uniquement pour mortifier leur chair, & pour se délivrer de la tentation, où le monde nous expose, se servoient, comme je l'ai déja observé, d'une meilleure raison, que ceux qui prenoient pour motif de leur conduite un devoüement absolu à la priere & à la méditation. Les premiers pouvoient trouver des raisons plausibles dans leur temperament. Il est certain qu'il y a des Constitutions naturelles qui menent tout droit au crime, si les efforts de la raison ne les en détournent, & qu'il y a peu d'hommes, de quelque heureux naturel qu'ils puissent être qui n'ayent pas à combattre quelque inclination favorite. Mais il est certain aussi que la Religion Chrétienne ne nous enseigne nulle part d'exercer des cruautez sur nôtre propre corps, & de dompter nos penchans déreglez par la violence d'une austerité outrée.

L'Apôtre S. *Paul* dans le combat qu'il eût à soûtenir contre ce qu'il apelle un *éguillon dans sa chair*, ne servît pas de cette méthode. Je ne veux pas entrer dans des
dis-

discussions sur le veritable sens de ces paroles, il suffit de remarquer que c'étoit quelque tentation, & que le premier moyen qu'employa ce saint homme pour la vaincre fut de prier Dieu jusqu'à trois fois, modéle de conduite qui se recommande de lui-même à tous ceux qui ont de pareils assauts à soûtenir. Il n'eut pas recours à des austeritez, à des mortifications extraordinaires, il ne songea point à dompter la chair par des jeûnes, & par des macerations ; il aima mieux implorer par des priéres ferventes l'assistance de celui qui nous a enseigné de prier ainsi: *ne nous indui point en tentation* ; & la maniere dont Dieu répondit à ses priéres nous instruit encore de la justesse des mesures qu'avoit prises ce saint Homme ; Dieu ne le relegue point dans quelque desert, comme il arriva à *Nabuchodonozor* ; bien loin de là, la réponse fut, *ma Grace vous suffi* ; Elle vous suffit sans le secours des mortifications & des austeritez.

Il est évident par là, que de chercher la solitude comme un Theatre de jeûnes & de macerations propres à dompter les desirs criminels, est une méthode, qui ne nous est pas enseignée par la Religion, bien loin de nous être ordonnée comme un moyen de faciliter la Méditation & la Priere. Si ces devoirs de la Religion ne pouvoient pas être pratiquez d'une maniére qui répondît à leur but, sans renoncer à la Société humaine, il est certain que la vie de l'homme qui a un besoin si pressant de cette Société, seroit extremement infortunée.

Heureusement le contraire est d'une verité incontestable; on peut avec le secours de la grace joüir de toutes les parties, qui entrent dans la composition d'une solitude parfaite, dans les Villes les mieux peuplées, dans le tumulte des conversations, au milieu du faste de la Cour, & même au milieu du bruit des Armes. On en peut joüir avec le même calme qu'on cherche dans les sables arides de la Libye, & dans les forêts d'une Isle inhabitée.

CHAPITRE SECOND.

Essai sur le Caractère d'un HONNESTE-HOMME. *Comment ce terme est entendu communément en l'oposant à celui de* MALHONNESTE HOMME.

Quand je fus revenu dans ma patrie, & que dans le loisir d'une vie sedentaire je réflechis sur les circonstances variées de ma vie errante & vagabonde, la prosperité dont je commençois alors à joüir me rapelloit dans l'esprit d'une maniere trés-naturelle chaque moyen particulier, qui avoit contribué à m'en mettre en possession. L'état où je me trouvois étoit trés heureux, selon l'idée qu'on a de la felicité de ce monde; l'espece de captivité, que j'avois souffertte ferte dans mon Isle, relevoit le goût de ma liberté, & la douceur en étoit encore augmentée par la grosse fortune, où d'une condition au dessous de la médiocre, je me voyois parvenu tout d'un coup.

Un jour que j'étois occupé à la recherche des causes qui avoient concouru à me placer dans cette situation heureuse, je remarquai, que la Province divine s'étoit servie surtout en ma faveur d'un certain caractere d'Honnête homme, que j'avois eu le bonheur de rencontrer dans toutes les personnes, avec qui j'avois eu à faire dans mes desastres.

Dans les autres circonstances de ma vie, je n'avois presque jamais trouvé dans les hommes que de la sceleratesse, & de la friponnerie, & je ne pouvois considerer, sinon comme une espece de Miracle, ce caractere d'honneur & de probité, qui éclata si à propos dans la conduite de tous ceux dont j'eus besoin dans l'état le plus desesperé de mes affaires.

Mes réflexions tomberent d'abord sur la Veuve du Capitaine, avec lequel j'avois fait mon premier voyage de long cours; savoir, celui de Guinée, sur cette femme de probité si rare, à qui j'avois confié les deux cens livres Sterling que j'avois gagnées dans cette course.

Le Lecteur se souviendra sans doute, que me trouvant dans le Brezil je lui écrivis de m'envoyer une partie de cet argent. La mort de son Epoux l'avoit laissée dans un état assez triste, par raport à la fortune ; j'étois éloigné, & elle pouvoit croire avec probabilité que je ne serois jamais en état de revenir dans ma patrie ; d'ailleurs je n'avois pas la moindre preuve du dépôt que je lui avois mis entre les mains, & par conséquent, elle pouvoit me priver de mon bien en toute sûreté ; mais des occasions si favorables ne tenterent pas même sa probité ; non-seulement elle m'envoya en Marchandises la valeur des cent livres sterling, que je lui demandois ; elle eut encore pour mes véritables interêts des attentions, que je n'avois pas exigées d'elle ; elle joignit à ces Marchandises plusieurs choses qui m'étoient d'une grande necessité, entre autres deux Bibles, & d'autres Livres utiles, dans le dessein, comme elle me l'a dit ensuite, de me fournir les moyens de soûtenir ma foi, qui devoit être exposée à de rudes attaques dans un pays plein de Payens & de barbares.

L'*Honnêteté* dans le sens que je l'employe ici, ne nous porte pas seulement à payer exactement à notre prochain ce qui lui est dû selon les régles de la justice. Celui qui mérite veritablement le titre d'*Honnête homme* se reconnoît débiteur de tout le Genre-humain, il se croit obligé de faire aux hommes tant pour l'Ame, que pour le Corps,

tout

tout le bien, que la Providence divine lui donne occasion de leur dispenser. Il ne se contente pas d'attendre tranquillement ces occasions, & de s'en servir avec exactitude ; il se fait une étude sérieuse de les faire naître, & j'ose dire, que quiconque n'est pas capable d'une attention généreuse n'est pas un parfaitement Honnête homme.

Selon ce Principe, je doute fort si ce titre peut jamais être donné à un homme interessé, toûjours occupé à chercher ses propres avantages, sans avoir le temps de songer à ceux des autres. Il me paroît même évident qu'il ne faudroit être susceptible de cette vertu ; Il a beau payer ses dettes, jusqu'au moindre denier, & être à cet égard de l'exactitude la plus scrupuleuse ; il n'est pas impossible que sa justice ne soit accompagnée de la plus souveraine injustice, selon cette maxime, *summum jus est summa injuria*, le plus grand droit est quelquefois l'injustice la plus grande.

Payer exactement ses dettes, c'est satisfaire à une Loi semblable à celle qui régle les décisions de nos Tribunaux ordinaires ; mais faire à tous les hommes tout le bien dont on est capable, c'est satisfaire à une Loi semblable à celle qui regle les décisions de nôtre Chancellerie, où l'on a autant égard à l'Equité, qu'à la Justice, prise dans son sens le plus borné. La Loi ordinaire n'a point

de

de prise sur nous, si nous payons nos dettes avec exactitude & ceux avec qui nous en usons de cette maniere ne sauroient former contre nous, devant les Juges de la terre, aucune plainte fondée, mais devant la Cour souveraine du Ciel, un homme pourra nous intenter un Procez, si nous avons manqué à lui rendre tous les services qui étoient en nôtre pouvoir. Ce Juge Souverain a érigé dans la Conscience de chaque homme un Tribunal subalterne d'équité : C'est le Tribunal de la Conscience. Si quelqu'un a négligé de payer ces dettes que l'*quité* exige de lui, sa Conscience décrette contre son injustice, le condamne à passer pour un malhonnête-homme dans son propre esprit. S'il s'opiniâtre à refuser ce payement, elle redouble sa séverité, & le déclare rebelle à la nature, & coupable du crime de *leze Conscience*.

Je me suis un peu étendu sur ce sujet, pour faire entrer en eux-même certains hommes, qui prenent hardiment le tître d'honnêtes-gens, sous prétexte qu'ils payent leurs dettes avec une exactitude scrupuleuse, & que personne n'a pas un sol à prétendre d'eux. Quoiqu'enfoncez dans une crasse lezine, ils n'amassent que pour eux-mêmes, ils ne pensent pas seulement à la charité, & à la beneficence, qu'ils doivent à tout le Genre humain.

Les Riches doivent être considerez comme les fondataires du Seigneur de l'Univers ; il leur

leur a donné un fief libre avec tout son revenu, à condition seulement de payer une rente aux Cadets de famille, c'est-à-dire aux pauvres. Cette rente consiste en actes de Charité & de generosité, & celui qui refuse de la payer ne merite non plus le tître d'honnête homme, que celui qui fait une banqueroute frauduleuse.

L'idée que je donne ici de l'Avare s'acorde parfaitement avec le portrait qu'en trace l'Ecriture sainte, qui apelle l'Avare *un homme vil, qui opere iniquité*, Isaie XXXII. 6. En quoi consiste cette iniquité ? On le voit dans le verset suivant. *Il rend vuide l'Ame de l'affamé, & fait manquer la boisson à celui qui a soif.* Pour faire voir que par cet homme vil il faut entendre un avare, il suffira de citer le Verset 5. du même Chapitre, *l'homme vil ne sera plus apellé liberal* &c. En voilà assez, je crois pour prouver clairement, que mon opinion est fondée dans la Parole de Dieu, & qu'un homme avaricieux, tout concentré en lui-même, insensible pour les autres n'est pas digne du tître glorieux d'*Honnête homme*. C'est un feudataire injuste, qui mérite de perdre son fief, parce qu'il ne satisfait pas à une condition essentielle, sous laquelle il lui a été donné.

Je finis cette digression pour en venir aux autres exemples d'*Honnêteté* dont j'ai été dans mes malheurs l'heureux objet. Rien n'est comparable à la conduite du Capitaine Portugais

Portugais à mon égard, & il n'est pas possible de se servir d'expressions trop fortes pour en faire l'éloge, je ne parle pas de la charité qu'il eut de me prendre dans son Vaisseau au milieu de la Mer; il est vrai que sans ce secours, je perdois ma vie avec mon pauvre *Xury*. Mais dans le fond en me rendant ce service important, il ne fit que payer ce qu'il devoit au Genre-humain en général, sans avoir une intention directe de m'obliger en mon particulier. Ce n'est pas proprement dans cette action-là que brilla l'*Honnête homme*; s'il nous avoit laissez-là, ç'auroit été un acte de la derniere barbarie, & il auroit passé au Tribunal du Ciel, & de sa propre Conscience, pour un véritable meurtrier. Refuser de sauver la vie à quelqu'un, quand on est le maître de le faire, c'est là lui ôter réellement, c'est un meurtre véritable, dont il faudra rendre compte un jour, au souverain Juge; car si on laisse un homme dans une situation, où il doit perir de nécessité, on est la véritable cause de sa mort, & son sang sera demandé à quiconque se sera rendu coupable d'une négligence si cruelle, de quelque prétexte qu'il puisse pallier son crime.

Mon brave Portugais n'en resta pas là; après m'avoir sauvé la vie, il me donna le moyen de la conserver en ne me prenant rien de ce que je possedois, quoique selon le Droit pratiqué parmi les gens de mer, il en fût

fût devenu le légitime possesseur par le service qu'il venoit de me rendre. Il me donna la valeur de tout ce que j'avois, m'acheta ma barque, me paya même mon petit Negre, sur lequel dans le fond je n'avois aucun droit, & sur lequel il s'acqueroit une espece de proprieté, en lui sauvant la vie, qui plus est il ne me demanda rien pour mon passage.

Les Versets du Prophête Isaïe que j'ai alléguez tantôt, sont suivis d'un passage remarquable où il dit que *l'homme liberal*, ou genereux, *se soutient par sa liberalité*. La verité de ces paroles paroît évidemment dans ma maniere d'agir ensuite avec ce veritablement honnête-homme, quand je vins à Lisbone pour vendre ma plantation dans le Brezil. Il étoit pauvre & incapable de me payer ce qu'il me devoit encore, & tout d'un coup il se vit délivré de sa pauvreté & de sa dette, par le present que je lui fis, qui étoit plus que suffisant pour le mettre à son aise tout le reste de sa vie.

Le procedé de cet homme à mon égard fut indubitablement l'effet le plus accompli d'une veritable & genereuse *honnêteté*. Il saisit avec ardeur l'occasion de faire du bien à l'objet que la Providence lui offroit, & il reconnut que c'étoit une dette, qu'il payoit au Créateur, dans la personne d'une de ses plus miserables Créatures.

Que le Lecteur me permette ici de lui fournir une reflexion qu'on fait assez rarement:

Tome V. D C'est

C'est une faveur du Ciel de se trouver en état de faire du bien au prochain, & c'est une faveur du Ciel tout aussi grande de trouver une occasion favorable d'employer les moyens que sa Providence nous a donnez pour cet effet ; il faut se saisir de cette occasion, comme de la benediction la plus précieuse, & en témoigner la même gratitude à laquelle nous doivent porter les bienfaits les plus signalez, que Dieu nous prodigue.

Je pourrois faire mention ici de mon Associé dans le Brezil, comme aussi de mes deux Facteurs & de leurs fils, qui par leur intégrité eurent soin de ma Plantation & m'en conserverent ma part ; mais les deux exemples que j'ai alleguez me suffisent pour en faire la baze des réflexions que j'ai à faire sur ce sujet. J'ai d'autant plus d'envie de m'étendre un peu là-dessus, qu'aprés mon retour en Angleterre j'ai eu de frequentes disputes sur la vraye *Honnêteté*, sur tout à l'occasion d'*Honnêtes gens*, qui étoient tombez dans quelque malheur. Il est vrai que ces sortes de personnes peuvent être jettées dans une situation, ou leur caractere s'éclipse, ou pour mieux dire, où il leur est impossible de donner des marques de leur caractere, qui ne laisse pas d'être toûjours le même, & qui sans des obstacles absolument invincibles, éclateroit dans toutes leurs actions. Il arrive souvent que ces Honnêtes gens terrassez par leur infortune sont traitez de *faquins*, par cer-

certains hommes, qui, s'ils se trouvoient dans le même état, auroient bien de la peine à ne pas mériter les reproches, qu'ils font avec tant de témérité à des innocens.

On a vû dans mon Histoire, que ma bonne Veuve, & le Capitaine Portugais, tomberent l'une & l'autre dans une assez grande pauvreté, pour n'être pas en état de me payer ce qu'ils me devoient. Mais leur malheur ne me fit pas concevoir de leur conduite la moindre idée désavantageuse, parce que j'avois vû, que dans les occasions, où il leur avoit été possible de me faire du bien, ils n'avoient pas marqué seulement un fond de probité, mais encore un fond d'*Honnêteté genereuse*.

Ces idées vagues de certaines gens m'ont porté à examiner avec attention la nature de la *vraye Honnêteté*, & les moyens d'en faire une description exacte. J'ai couché sur le papier mes reflexions sur ce sujet, à mesure que les occasions les ont fait naître dans mon esprit, & je les ai relevées de certaines circonstances, dans le dessein de les rendre utiles & agréables à la posterité.

Je commencerai par poser certaines conditions sous lesquelles je prétends entrer dans cette matiere. La principale sera, que j'aurai la liberté de définir le terme d'*Honnêteté*, afin de débarrasser mon sujet de toute équivoque.

On me permettra, j'espere, de prendre cette expression non dans le sens que lui donne le bel ufage, qui ne le fait fignifier, qu'un certain *favoir vivre*, une *certaine politeſſe* dans les manieres ; mais dans le fens, qu'elle a generalement dans les difcours du peuple, qui oppofent l'*Honnête-homme* au *Malhonnête-homme*, ou bien au *fripon*. Mon but eſt de parler d'une maniere fimple & unie, & conforme à la vertu que je veux décrire, & dont l'eſſence confiſte dans une fimplicité parfaite & éloignée de toute affectation. Le haut ſtile n'eſt pas mon fait ; je fuis accoûtumé à une certaine diction populaire & commune qui me rend d'autant plus propre à traiter cette matiere d'une maniere convenable.

Qu'on ne s'attende pas ici à des Difcuſſions Scholaſtiques ; je n'examinerai point fi l'*Honnêteté*, dont il s'agit ici, eſt une vertu naturelle ou acquife, accidentelle ou inherente ; fi c'eſt une qualité, ou une habitude. Ce font là les diſtinctions vetilleufes de l'Ecole plus propres à embroüiller une matiere, qu'à l'éclaircir.

Mon deſſein n'eſt pas même de confiderer cette vertu du côté des liaifons, qu'elle peut avoir avec ce que nous devons à la Divinité. Il eſt fûr que de ce côté-là tous les hommes font nez fcélerats, voleurs, meurtriers, & il n'y a que la Providence feule qui nous empêche de nous montrer tels dans toutes les occafions.

Aucun homme n'eſt parfaitement juſte par
raport

raport à son Créateur. Si la chose étoit possible, nos Confessions de Foi, nos Litanies, nos prieres seroient autant d'impertinences & de contradictions ridicules.

Mon but n'est que de tracer un fidelle Tableau de ce devoir, autant qu'il a lieu dans la Societé humaine, & qu'il influë dans le Négoce, les dépôts, la conversation, l'amitié, en un mot dans toutes les circonstances de la vie civile.

Celui qui veut réüssir à bien traiter ce sujet ne doit pas seulement y conformer son stile, en le mettant dans les limites de la clarté, & de la simplicité, & en ne faisant briller cette vertu que par sa propre lumiere, il faut encore qu'il copie son propre cœur, & qu'il parle aprés ses sentimens. Il faut être Honnête-homme pour être en état de peindre le caractere, & les devoirs d'un Honnête-homme. Une pareille disposition est requise dans le Lecteur ; s'il lit avec partialité, avec prévention, il ne paye pas ce qu'il doit au sujet, & à l'Auteur ; il est Malhonnête-homme dans sa Lecture; elle ne sauroit d'ailleurs lui être d'aucune utilité, & si la chose étoit pratiquable, je voudrois que le Libriare lui rendit son argent.

Certaines personnes, peut-être animées par leur malignité naturelle, diront que le pauvre *Robinson Crusoe*, s'est rendu coupable dans sa conduite de tant d'égaremens, & de tant d'irrégularitez, qu'il ne doit pas être dans les dispositions nécessaires pour manier ce sujet d'une maniere convenable. Elles empoisonneront mes instructions par le souvenir de mes fautes, & peut-être de mes infortunes, & se ligueront avec mes actions contre mes maximes. Mais qu'elles me permettent de leur dire, que ces mêmes égaremens contribuent à me rendre propre à instruire les autres des moyens de s'en garantir, de la même maniere qu'un homme qui sort d'une maladie devient en quelque sorte Médecin. Ajoûtez que l'aveu de mes fautes, qui accompagne par tout mes leçons de ces fautes, dont il a plu à la Providence de me donner le temps & la force de me répentir, me met en état de recommander efficacement cette droiture de l'Ame, que j'appelle *Honnêteté*, & de rectifier les idées de ceux qui la conçoivent de travers dans eux-mêmes, ou dans les autres. Que ces personnes apprennent que la Malignité est une fort mauvaise regle de critique ; qu'ils deviennent plus équitables, & qu'ils imitent la Divinité, au Tribunal de laquelle, celui qui se repent de ses pechez sincerement, ne differe pas beaucoup d'un homme parfaitement innocent.

Une des meilleures marques d'un veritable repentir est l'aveu ingénu, qu'on fait de ses fautes, & c'est une espece de dette, que l'*Honnêteté* exige de nous. Ce que cet aveu paroît avoir de mortifiant pour la vanité est abondamment récompensé sur l'utilité qu'on

tire

tire des fautes dont on se repent. La douleur dont leur souvenir est accompagné fait de si profondes impressions sur l'Esprit d'un Penitent sincere, qu'il est toûjours le premier à s'accuser, & se reprocher ses foiblesses. Il n'a pas besoin de conseils & d'exhortations, il est guidé par l'idée de ses péchez, & par là il découvre l'*Honnêteté* qui fait la baze de ses sentimens.

Il y a des gens qui soutiennent, qu'il n'est point nécessaire de confesser ouvertement leurs égaremens & leurs extravagances; qu'il y a de la cruauté à exiger d'eux une telle confession; qu'il vaut mieux mourir que de s'y soûmettre, & qu'une grande Ame doit la craindre davantage que la mort la plus affreuse même. Mais c'est une fausse magnanimité, s'il y en eût jamais. *Toute mauvaise honte est une véritable poltronnerie*, & selon la maxime d'un excellent Poëte, *la veritable bravoure consiste dans la crainte d'une infamie réelle.* Il s'ensuit que les cœurs les plus grands & les plus fermes sont précisément ceux qui sont les plus accessibles au repentir, & à une confession genereuse de leurs fautes. Quel déreglement d'esprit de ne pas avoir honte d'une mauvaise action, & d'avoir honte de s'en repentir! de ne pas craindre de pecher, mais de craindre de s'en reconnoître coupable!

Pour moi je soutiens, qu'on ne merite pas d'avoir place parmi les Honnêtes-gens, si l'on ne reconnoît pas ses fautes; & sur tout, si l'on n'a pas le courage d'avoüer noblement le tort qu'on a fait à son prochain. C'est une justice qu'on doit & au prochain, & au Souverain Juge du Monde. Celui qui veut être *honnête-homme* doit être assez brave, pour oser dire qu'il a été *Malhonnête-homme*. La chose est toûjours brave, comme je l'ai dit, quand on se considere du côté de ses relations avec la Divinité; il n'est que trop probable encore qu'elle est vraye aussi, quand on réflechit uniquement sur ses relations avec le prochain. Où est l'homme, qui peut se rendre témoignage à lui-même, de n'avoir jamais été injuste à l'égard des autres, ni dans ses actions, ni dans ses discours?

Il y a un grand nombre de gens qui prennent hardiment le titre de *gens d'honneur*, & qui ne laissent pas de se négliger beaucoup sur le dernier article. La médisance n'est qu'un badinage pour eux, & ils ne se font qu'un jeu de prononcer des sentences injustes, ou du moins précipitées & peu charitables, sur la conduite des autres.

Dans quel danger ne se jettent-ils pas de choquer cette Loi formelle de Dieu: *Tu ne porteras point faux témoignage contre ton prochain*? Et avec quelle affreuse hardiesse ne pechent-ils pas contre cette Loi, quand de propos déliberé, ils débitent, comme des veritez, les calomnies les plus atroces?

L'*Honnêteté*, dont j'ai entrepris de parler, ne défend pas seulement ces grossieres branches

ches du peché dont la langue peut se rendre coupable ; elle défend encore toutes les insinuations malignes. Les reproches quoique bien fondez, qu'on se fait les uns aux autres, sans être portez par la derniere necessité choquent la charité tout comme la calomnie. Ils sont de la même nature, que la calomnie, quoique moindres en degré.

Il y a une certaine maniere de tuer de la langue, qui considérée en elle-même est tout aussi cruelle que le meurtre formel, & quiconque se permet ce crime aussi affreux, qu'il est ordinaire, a le plus grand tort du monde de se ranger dans la Classe des *Honnêtes-gens*. Le caractere d'un *honnête-homme* est parfaitement incompatible avec cette licence criminelle. Mais avant que d'entrer dans ces sortes de détails il sera bon de considérer mon sujet en general, & d'en examiner la veritable nature.

De l'HONNETETÉ, ou du Caractere d'HONNESTE-HOMME en general.

J'ai toujours remarqué que quoique rien ne soit plus rare qu'un *honnête-homme* tout le monde s'attribue ce titre glorieux, & en fait ostentation dans tous ses discours. L'honnêteté, comme le Ciel, est louée de tous les hommes ; & ils croyent tous y avoir part. Cette prétention est devenuë si génerale, & elle est tombée dans un si grand mépris,

qu'on

qu'on ne se sert que d'une phrase vuide de sens, quand dans le discours ordinaire, on jure, sans y aporter la moindre attention, sur sa Foy, ou sur son *honnêteté*, car dans le fond ces deux expressions n'ont qu'un même sens.

Ceux qui forment tant de prétentions sur le titre d'*honnête-homme*, & ceux qui font sonner si haut la part qu'ils prétendent avoir dans le Ciel se ressemblent encore en ce qu'ils comprennent également mal la nature du sujet de leurs discours les plus ordinaires. La plûpart des Honnêtes-gens prétendus mesurent l'Honnêteté à leurs interêts particuliers, quoique fort souvent cet interêt soit incompatible avec le caractere qu'ils s'attribuent.

L'*honnêteté veritable* est une disposition generale de l'Esprit à l'integrité, c'est un panchant qui nous porte à agir avec justice & avec honneur, dans toutes sortes de cas, & à l'égard de toutes sortes de personnes, sans aucune exception. Elle est absolument indépendante de l'occasion de l'exercer qu'on confond la plûpart du temps avec elle; elle existe, quoiqu'il lui soit impossible d'agir.

Elle a deux branches, la *Justice*, & *l'Equité*, qui s'étendent vers deux differens objets, la *dette* & *l'honneur*. Ou si l'on veut, ses deux parties sont la *Justice exacte*, & la *Justice genereuse*. Elle a pour regle fondamentale la maxime qui nous défend *de faire aux autres ce que nous ne voulons pas, que d'autres nous fassent*. L'Honnête-homme, & l'homl'homme d'honneur font dans le fond la même chofe, quoique la derniere expreffion paroiffe promettre quelque chofe de plus grand. Le but de l'un & de l'autre eft de rechercher tout ce qui mérite réellement de la gloire, & d'éviter tout ce qui eft digne de s'attirer une réelle infamie.

Le titre d'*honnête-homme* eft la dénomination la plus glorieufe, qu'on puiffe donner à quelqu'un. Sans ce titre tous les autres font vuides & ridicules, & tant qu'il demeure à un homme, il n'eft pas poffible de lui en donner un qui lui foit réellement ignominieux. Ce caractere rend un homme recommandable à la pofterité, lors même que fes autres perfections font livrées à un éternel oubli. Sans cette vertu il eft impoffible de meriter le nom de *Chrétien*, ou de *Gentilhomme*. On peut être *pauvre & honnête homme*, *malheureux, & honnête-homme*, mais il eft contradictoire d'être *Malhonnête-homme & noble*, *Chrétien & Malhonnête-homme*. En vain compte-t-on un grand nombre d'illuftres ancêtres, fi l'on n'imite pas leurs vertus; on déroge veritablement par le caractere de Malhonnête homme, & il feroit jufte de mettre une barre dans l'Ecuffon d'un fripon d'une naiffance diftinguée, comme on en met une dans celui d'un Bâtard. Quand un Gentilhomme renonce à la vraye *Honnêteté*, il ceffe d'être un Gentilhomme; dés lors c'eft un véritable faquin & il merite d'être traité dans le monde fur ce pied-là. Cette

Cette vertu caractéristique fait de si profondes impressions sur l'Esprit des hommes, qu'elle arrache de l'estime à ceux-là même, qui ne prétendent pas seulement y avoir la moindre part. Ils la recherchent dans les autres, quoiqu'ils ne tâchent pas de l'acquerir eux-mêmes & jamais homme n'a eu assez peu de tendresse pour ses descendans, pour souhaiter qu'ils fussent sans cet admirable caractere. En un mot la veneration des hommes pour cette vertu est si universelle que la Benediction generale qu'un Pere donne à son fils, consiste à prier Dieu de le rendre *honnête-homme*.

Cette vertu est d'une valeur si generalement reconnuë, qu'il paroît en quelque sorte inutile de la faire sentir ; & l'on peut dire qu'elle est la mesure de cette droiture primitive, & de l'image de Dieu, qui sont rétablies dans la Créature raisonnable.

Le grand inconvenient, qui accompagne cette vertu comme l'Epine accompagne la Rose, c'est l'Orgueil. Il est difficile de pratiquer les devoirs d'un *honnête-homme* sans en être orgueilleux, & quoique cette fierté paroisse avoir du fondement, il est pourtant certain, que l'*honnêteté* est en grand danger dans tous les Cœurs, où il fait naître une vanité excessive.

Il n'y a rien au monde qui doive avoir moins de relation avec l'orgueil que la vraye *honnêteté*. C'est une vertu aisée, unie, naturelturelle, qui agit sans aucune vûë d'interêt, & quand un homme se vante trop de son *honnêteté*, je crains toûjours que cette qualité ne soit en lui foible, & languissante.

L'*honnêteté* est une *plante* fort délicate, qui n'est pas connuë de tous les Botanistes, elle ne se multiplie pas beaucoup dans les endroits où on la seme. Elle ne croit pas aisément dans un terroir fort gras, & elle se séche d'ordinaire dans un terroir fort maigre, à moins qu'elle n'y ait pris de profondes racines. Dans ce cas-là, il arrive rarement qu'elle soit détruite tout-à-fait. Si elle paroît quelquefois accablée de la mauvaise herbe de la Prosperité, elle sait se débarrasser de cet obstacle, & quand elle est tellement abbatuë par les coups de la Pauvreté, qu'on la prendroit pour morte, elle réprend vie au moindre beau temps ; la moindre pluye lui rend toute sa vigueur, & lui fait produire sa semence.

La mauvaise herbe, qui lui est la plus pernicieuse, s'apelle *Finesse*, ou *Subtilité*. Elle cache si fort cette plante salutaire, qu'il est souvent presque impossible de la trouver. D'ailleurs elle lui ressemble si fort, qu'il est facile de se tromper, en la prenant pour cet admirable *Simple* lui-même. C'est une espece d'*honnêteté sauvage*, & j'ai entendu dire à ceux qui en ont semé dans leur propre terroir, & qui en ont fait usage dans le commerce de la Societé Civile, croyant que c'é toit la *plante veritable*, qu'il leur en a couté tout leur crédit, & qu'ils ont ruiné celui de tous ceux, avec qui ils avoient eu à faire. Cette méprise n'est pas rare, & c'est-là la cause de tous ces cris, qu'on entend tous les jours, touchant les faux amis, & touchant les friponneries, qui influent si generalement dans la conduite des hommes.

Certaines proprietez de la *veritable plante* varient un peu selon la difference du terroir, & du Climat, & cette varieté a causé plusieurs disputes parmi les *connoisseurs des Simples*, qui trompez par quelques aparences, sans entrer dans la nature de la chose même, apellent souvent *fausse honnêteté*, ce qui ne laisse pas d'être la veritable. Il y en a une sorte dans ma patrie, qu'on apelle *l'honnêteté de la Comté d'York*, qui differe assez de celle, qui croît dans les parties méridionales d'Angleterre, je veux dire autour de la Capitale. Il y en a une espece en Ecosse, qui est extrêmement délicate, & l'on en trouve une dans la nouvelle Angleterre qui ne vaut gueres mieux, que l'*honnêteté sauvage* proprement dite *Subtilité*. Quelques Voyageurs nous assurent encore qu'ils en ont vû une espece dans certaines parties de l'Asie, & même dans la Capitale de l'Empire Turc, qui vaut infiniment mieux, que tout ce qui en croît dans nos Provinces; c'est dommage que nos Marchands du Levant n'en aportent pas quelque graine, pour essayer

si

si elle peut réussir dans le terroir de la Grande Bretagne. J'avouë que je suis un peu surpris de cette relation, parce que j'ai toûjours été du sentiment que ce *Simple* ne croissoit jamais mieux, que quand on l'arrosoit d'une certaine liqueur apellée *Religion*. C'est une experience que j'ai vûë trés-souvent dans les autres païs, & je m'imagine que c'est pour cette raison que l'*honnesteté Ecossoise* est d'une si bonne sorte. Je ne sçaurois dire si celle que produit la Turquie est d'une nature encore plus excellente, puisque dans tous mes Voyages je n'ai jamais mis le pied dans les Domaines du Grand Seigneur.

Pour ne pas pousser trop loin cette allegorie, je dirai que les disputes où l'on entre sur la véritable *honnesteté* sont trés-dangereuses à cette vertu même; Quand on a lieu de douter si une chose est vertueuse ou vicieuse, il faut qu'elle approche des frontieres du Vice, & celui qui veut éviter de se noyer fait prudemment de ne pas trop avancer sur le bord de l'eau.

Il n'est pas moins dangereux de vouloir renfermer cette vertu dans les bornes étroites de la *Justice humaine*. Il est certainement bon & juste de conformer ses actions aux Loix établies, mais si dans toutes ses actions on croit remplir ses devoirs, en suivant les Loix à la lettre; on s'expose à se rendre coupable de la dureté la plus inhumaine. En suivant ce faux principe il est permis au Créancier

-cier de faire perir son Débiteur dans la prison, quoiqu'il soit persuadé, qu'il luj est impossible de payer cette dette; il est juste de faire pendre tout malfaicteur, quelles que puissent être les circonstances, qui rendent son crime excusable: en un mot, en se reglant sur cette fausse maxime, un homme se rendroit incommode à tout le monde; il deviendroit un Tyran, & par conséquent un Malhonnête-homme; car la cruauté est parfaitement incompatible avec la veritable *honnesteté*.

Le Souverain Legislateur des hommes a reglé l'étenduë de cette Vertu, en nous donnant un Principe general qui décide de toutes les questions particulieres, *Ne fais pas à un autre ce que tu ne veux pas qu'on te fasse*. C'est là l'essence de la Vertu dont je parle, & c'est à cette maxime qu'il faut avoir recours dans les cas où les Loix se taisent.

Il y a des personnes qui soutiennent, que la consideration de l'impuissance d'un debiteur ne nous oblige pas à lui accorder du temps, ou à composer avec lui, & qu'on ne doit s'y porter que par une vûë d'interêt, afin de s'emparer d'une partie de la dette plûtôt que de perdre le tout. S'il étoit vrai qu'on remplit ses devoirs en suivant la lettre de la Loi, je serois forcé à être de leur sentiment.

D'un autre côté, il arrive qu'un homme qui a contracté une dette, se croit en droit de ne la point payer, aussi-tôt que le terme est

est échu, & il est d'opinion qu'il suffit de l'acquiter quand la Loi l'y oblige. Conformément à cette idée il promene son Créancier par tous les détours de la Justice, & par un grand labyrinthe de procedures. Quand il ne peut plus disputer le terrain il se cache, & fait tous ses efforts pour mettre ses biens en sûreté. En mesurant pourtant sa conduite à la lettre de la Loi, il se croit Honnête-homme, quoique rien ne soit capable d'excuser son procedé, que la severité cruelle, dont quelques Creanciers se déclarent partisans. Un tel homme est veritablement un fripon, il est obligé en conscience d'agir conformément à l'intention de la Loi, & à l'intention qu'il devoit avoir lui-même quand il a passé un contract avec son Créancier. L'honnêteté consiste à payer ce que l'on doit dans le moment même qu'on commence à le devoir, sans attendre qu'on y soit forcé par les Juges.

Il est vrai que les Loix civiles permettent au Créancier de poursuivre en justice celui qui lui doit, dans quelques circonstances que ce dernier puisse se trouver, & au Débiteur, de ne rien négliger pour reculer le payement. Mais les Loix de la conscience y sont très-contraires. Il est vrai que des personnes ingenieuses à pallier leurs mauvaises actions ne manquent pas de preuves, pour défendre une pareille conduite. Voici l'argument dont ils se servent.

Un homme fondé sur mon credit, & sur l'idée qu'il a de ma probité, me confie son argent ou ses marchandises ? il croit trouver sa sûreté dans mon *integrité*, & dans mes *moyens*. S'il vient me sommer de satisfaire au contract que nous avons passé ensemble, il renonce à la *sûreté* qu'il avoit crû trouver dans ma *Vertu*, & il ne s'attache plus qu'à la sûreté, que la Loi peut lui faire trouver dans le *bien* que je possede ; il se détache entierement de ma *probité*, & il ne se sert que du contract en question pour me faire payer, que je le veuille ou non. N'est-il pas juste que je me défende avec les mêmes armes, avec lesquelles il m'attaque ? il ne me combat que par la Loi, je soûtiens & je repousse ses attaques de la même maniere, & mon action est tout aussi légitime que la sienne.

C'est ainsi que sa lettre de la Loi détruit entiérement le caractere d'Honnête-homme dans le *Créancier*, & dans le *Debiteur*, & que pourtant elle fournit des excuses plausibles à l'un & à l'autre, & des raisons specieuses de se croire Honnêtes-gens.

Ce ne sont pas là cependant les *gens d'honneur* dont je parle ici ; la veritable *honnêteté* n'est pas une vertu purement negative. Il ne suffit pas pour être *honnête-homme* de ne faire à son prochain aucun tort dans le sens borné de la Justice humaine, on est encore obligé d'examiner les circonstances, de les comparer aux Loix, & de les peser les unes &

les autres, dans les balances de la raison & de l'Equité ? En général un *Créancier* peut faire emprisonner celui qui refuse de lui payer une dette ; Mais s'il est convaincu que le *Debiteur* est dans une impuissance absoluë de faire son devoir, la Raison exige du *Créancier* de ne pas exercer des cruautez inutiles sur cet infortuné. On ne sauroit être Honnête-homme sans être homme raisonnable.

D'ailleurs contracter une dette, quoiqu'imprudemment, n'est pas un crime capital, & laisser mourir un homme dans la prison, de faim, & de misere, punition plus affreuse que la potence, est une chose cruelle & tyrannique, pour laquelle un *Créancier* meriteroit d'être puni comme meurtrier. Les Loix divines mêmes n'ont jamais permis cette rude maniere de punir les *Debiteurs*, qui peut-être a été mise en pratique parmi nous, par une necessité absolue. A cet égard elle est permise & légitime, les Loix la permettent, mais la Raison doit moderer la rigueur de ces Loix, elle doit tirer des Loix d'elle-même & consulter l'Humanité. *Pourquoi*, dit l'Ecriture Sainte, *lui ôteriez-vous son lit de dessous lui ?* Cette interrogation marque avec force, qu'une telle conduite est déraisonnable, & contraire à la Nature.

J'ai vû des gens qui outroient assez cette matiere, pour soûtenir qu'un homme poursuivi par un procez injuste devoit plûtôt souffrir patiemment ces attaques que de les repousser

ser par force des Loix. Cependant ces mêmes gens si patients, en faisant le personnage des autres, ne l'étoient pas assez quand il s'agissoit d'eux-mêmes, pour ne pas poursuivre en justice un Debiteur, qu'ils ne pouvoient pas réduire à la Raison par d'autres moyens.

Je ne blâme pas leur conduite, mais je condamne leur opinion ; je ne trouve rien à redire au procedé d'un homme, qui tâche à se faire payer en justice, d'une dette réelle, contractée par un Débiteur, à qui il ne manque rien pour payer, que le cœur d'un honnête-homme ; mais je trouve de la cruauté à pousser aux dernieres extrêmitez un Debiteur plus infortuné que coupable, à mettre sa famille dans la ruë, & à le faire mourir dans la prison. C'est là la conduite d'un barbare, & non d'un honnête-homme.

On m'objectera peut-être, que si je voulois agir avec tout le Genre-humain, comme je voudrois qu'on agît avec moi en pareil cas, je serois obligé de soulager la misere de tous les pauvres, & d'acquitter les dettes de tous les Débiteurs emprisonnez, parce que si j'étois pauvre je souhaiterois d'être secouru, & que, si j'étois emprisonné pour dettes, je souhaiterois d'être remis en liberté.

Cela s'appelle renverser le sens de la proposition qui est la base de la Vertu, dont je parle ; c'est la rendre *affirmative*, au lieu qu'elle est *négative* ; elle nous oblige *à ne pas faire aux autres, ce que nous ne voudrions pas qu'on nous*

nous fit. Mais quand même la *proposition affirmative* en seroit une conséquence naturelle, elle devroit toûjours être reglée par l'équité, & elle ne nous obligeroit que de faire à l'égard de nôtre prochain, tout ce que nous pourrions souhaiter équitablement, que le prochain fit à nôtre égard, en pareil cas.

L'Equité est l'essence de l'*Honnesteté*, & si dans toutes les occasions de la vie nous voulions bien nous adresser à ce Tribunal d'équité, qui est établi au dedans de nous, la raison y plaideroit la cause de nôtre prochain, avec la même chaleur qu'elle y défend nos propres interêts.

De la Pierre de touche de la vraye HONNETETE'.

LA nécessité & l'indigence semblent faire souvent un fripon d'un Honnête-homme, & souvent elles arrachent réellement le masque de l'*honnesteté* à ceux qu'il déguisoit, pendant qu'ils étoient favorisez de la fortune. Selon l'opinion generale des gens qui sont à leur aise, il est presque impossible d'être pauvre sans être Malhonnête-homme. Dans leur langage, un *pauvre* & un *faquin* sont des termes synonymes. Un homme riche au contraire est presque toûjours un Honnête-homme. Quand la chose seroit vraye, ce ne seroit pas un grand miracle ; leur en devroit-on savoir gré ? S'ils étoient fripons, ils le se-

roient

roient doublement, puisqu'ils feroient des friponneries sans y être portez par aucune nécessité. Un homme opulent a rarement occasion de mettre son integrité à l'épreuve ; il n'a pas même occasion d'approcher des limites qui séparent *l'honnesteté* de la *friponnerie*. *Un tel*, me dit-on, *est un parfaitement honneste-homme ; il paye exactement ce qu'il doit, personne n'a rien à prétendre de lui, il ne fait tort à qui que ce soit.* Fort bien : Mais dans quelle situation se trouve-t'il ? C'est un homme qui a un beau bien, un revenu considerable ; il vit de ses rentes sans se mêler d'aucune affaire. Un tel homme devroit être un Diable incarné pour être capable d'agir en fripon. Il est contradictoire de faire du mal simplement pour le plaisir de faire du mal, & il est incroyable que les Démons eux-mêmes pechent, sans avoir d'autre but que la satisfaction de pecher. Le crime n'est jamais indépendant de tout motif, & il tend toûjours à satisfaire quelque passion favorite ; l'ambition, l'orgüeil ou l'avarice rendent les riches Malhonnêtes gens, & la nécessité fait le même effet sur les pauvres.

Faisons ici une supposition ; tirons la Vertu prétenduë de ce Riche de son oisiveté, pour le conduire dans quelqu'une de ces Catastrophes que toute la prudence humaine ne sauroit prevenir. Il a pour voisin un Marchand dont les affaires vont à souhait, & dont la probité n'est revoquée en doute de personne ;

fonne ; il arrive que cet Honnête Négociant perd par un naufrage un Vaisseau richement chargé. Un de ses Correspondans manque ; ses Lettres de change sont protestées ; il faut qu'il fasse banqueroute, c'est une necessité absoluë, il se cache, & il entre en composition avec ses Créanciers. Nôtre Crésus oisif ne manque pas de se gendarmer contre ce malheureux ; *C'est un coquin, un fripon, qui ne paye pas aux Honnête gens, ce qu'il leur doit, il seroit bon d'avoir une Loi qui condamnât au gibet, tout homme qui s'endette, au delà de ce qu'il est en état de payer.* S'il arrive que quelqu'un des Créanciers découvre la cachette de cet infortuné, & s'il le met en prison, *fort bien*, dira mon Gentilhomme opulent : *Il l'a bien merité, qu'il y reste, & qu'il serve d'exemple aux autres.*

Il se peut pourtant que ce Marchand soit dans le fond un aussi Honnête-homme, que celui qui décide de sa conduite avec tant de témerité. Vous êtes un honnête-homme, dites-vous, qu'est-ce qui vous en assure ? Vous êtes-vous jamais vû dans un état, où manquant de pain, vous avez préferé une mort apparente à l'injustice de vous emparer du pain de vôtre prochain ? Avez-vous jamais été sur le point d'être arrêté pour dettes, incapable d'appaiser vôtre Créancier, ni par vous, ni par vos amis, sans vous laisser tenter par un dépôt d'argent, que quelqu'un vous avoit confié ? Dans cette situation avez-vous

mieux

mieux aimé souffrir les dernieres indignitez, que de faire cette brêche à vôtre caractere d'honnête-homme ? Dieu même a déclaré que la force de la necessité est en quelque sorte irresistible, & il nous ordonne de ne point *mépriser le voleur, qui est porté au vol par une disette extreme.* Ce n'est pas que dans ce cas le crime change absolument de nature & qu'il devienne une action légitime. *Ne pas mépriser un tel voleur,* c'est se souvenir de sa propre fragilité, se défier de ses forces, & soupçonner que dans les mêmes circonstances on commetroit peut être la même action. Il s'ensuit, qu'il faut laisser à Dieu le jugement de ces sortes de fautes, & les pardonner par rapport à nous ; en un mot, qu'il faut que *nous qui nous croyons debout, prenions garde de ne pas tomber.*

Je croi même qu'il est possible de se trouver dans une telle situation, où il est impossible à tout homme de ne pas choquer les maximes de la Probité. La nécessité absoluë est au-dessus des forces humaines, & quand la Providence souffre qu'un homme tombe dans des circonstances si malheureuses, j'ose dire, qu'elle lui permet de pecher. Non seulement la Nature, mais la Grace même ne paroît pas pouvoir fournir à l'Ame humaine, les forces necessaires pour se soûtenir dans une si rude extrêmité. Supposons cinq hommes dans une chaloupe, au milieu de la Mer, sans aucune provision incapables de resister plus long-

temps

temps à la faim qui les devorent. Ils déliberent ensemble sur leur affreuse situation, & ils prennent le parti de tuer un d'entre eux pour servir de nourriture aux autres. Quels mets pour d'honnêtes-gens ? de quel cœur peuvent-ils le benir, & en rendre grace à Dieu ? Cependant l'homme du monde le plus délicat sur la Vertu, peut être forcé à commettre cette action, quoique la seule pensée soit capable de le faire trembler d'horreur, quand il se trouve dans d'autres circonstances. Il n'y a ici que la seule necessité absoluë, qui soit capable d'excuser ce crime ; il n'y a pas moyen dans le fond de le justifier. Si l'on allegue qu'il vaut mieux perdre un seul homme que cinq, je demande quel droit, les quatre qui restent ont de sauver leur vie aux dépens de celle de leur Compagnon ? Par quelle dette cet homme s'étoit-il obligé à leur conserver la vie par sa mort ? C'est un vol, c'est un meurtre, c'est arracher à cet homme une vie dont la propriété lui apartenoit incontestablement ; c'est tuer un innocent qui ne l'a merité par aucun crime.

Il est vrai que dans ce cas déplorable, on observe d'ordinaire une certaine équité ; on décide par le sort, qui sera le malheureux, qui doit être sacrifié à la conservation des autres, & comme ils se soumettent tous à la décision du sort, on prétend que par là cette action perd tout ce qu'il pourroit y avoir

Tome V. F *de*

de criminel. Mais il est certain qu'on se trompe; personne n'a le droit de consentir à cette décision; parce que l'homme n'est pas autorisé à disposer de sa vie; en le faisant il peche contre ce qu'il doit à la Loi, & à lui-même. Celui qui perit de cette maniere est criminel, & les autres qui sauvent leur vie d'une maniere si horrible, meritent dans le fond d'être pendus pour meurtre. Tout ce qu'on peut raisonnablement alleguer en leur faveur, c'est qu'une nécessité absoluë rend en quelque sorte les plus grands crimes excusables, & qu'elle en change la nature. Ces cas d'une nécessité absoluë sont fort rares, mais il y en a un grand nombre d'autres où la nécessité est moins urgente, & où elle doit excuser les fautes à proportion de ses degrez. Plaçons *nôtre honnête homme oisif*, dans une des circonstances. Il est homme d'honneur, & pendant la nuit il ne sauroit fermer les yeux s'il devoit la moindre chose à son prochain; il soutient même, que sans cette délicatesse on est indigne de porter le nom d'*honnête homme*.

Son Pere lui a laissé un bien trés-considerable; il en joüit pendant quelque temps d'une maniere tranquille; cependant quelques parens éloignez sortent d'un coin, & forment des prétentions sur tout l'heritage; ils en arrêtent les revenus entre les mains des Fermiers. Voilà mon homme jetté tout d'un coup dans l'embarras des affaires, & dans

l'abîl'abîme de la chicane ; les dépenses excessives du procés le prive en moins de rien de tout son argent comptant, & ses revenus étant arrêtez, il est hors d'état de pousser les procedures avec vigueur. La nécessité où il se trouve, le porte d'abord à faire une legere brêche dans son caractere d'Honnête homme; Il va trouver un Ami, pour lui emprunter une somme, qu'il n'est pas trop persuadé de pouvoir jamais rendre : Il lui dit, que son procés aura bien-tôt une fin favorable pour lui, & qu'alors ayant l'usage libre de ses revenus, il ne manquera pas de restituer l'argent, qui lui est si absolument nécessaire. Il a réellement cette intention-là ; mais par malheur la sentence est prononcée, il perd son procés, & le titre que son Pere prétendoit avoir sur le bien qu'il lui a laissé, se trouve défectueux ; il n'est pas seulement privé de tout son heritage, mais il est encore condamné à restituer les revenus dont il a joüi. Il est absolument ruïné : à peine lui reste-t'il dequoi fournir aux besoins les plus pressants de la vie, bien loin d'être en état de rendre l'argent, qu'il a emprunté.

Retournons à present à son voisin le Marchand qu'il a traité de Malhonnête homme, & de fripon. Il a composé avec ses Créanciers, il a été remis en liberté, & il rencontre dans la ruë notre Gentilhomme réduit à la derniere misere. *Comment donc, Monsieur,* lui dit-il, *n'avez vous pas honte* de ne point payer mon Cousin, vôtre vieux ami, qui vous a prêté son argent si genereusement? » Helas! répond le Gentilhomme, il » m'est impossible de le payer; j'ai perdu tout » mon bien; & il ne me reste pas même de » quoi vivre. Cela se peut, replique l'autre, Mais pourquoi avez-vous été assez Malhonnête-homme, pour emprunter des sommes, que vous n'étiez pas sûr de pouvoir rendre? » Ne me condamnez pas si vîte, repartit le » Gentilhomme, quand je lui ai emprunté cet » argent j'avois intention de le payer en Hon- » nête-homme, & je ne doutois pas seule- » ment que le gain de mon procés ne me mît » en état de le faire. Mais mes esperances » ont été trompées, & quoique j'aye la meil- » leure volonté du monde, il n'est pas possi- » ble que mes actions y répondent. Oui, mais vous m'apelliez fripon & Malhonneste homme, dit le Marchand, quand j'ai perdu mon bien, dans les Pays étrangers, par des desastres tout aussi inévitables, que ceux que vous avez rencontrez dans la patrie; vous avez dechiré ma réputation, parce que je ne payois pas mes dettes, & cependant j'avois aussi grande envie de le faire, que vous pouvez avoir à present. » Que voulez-vous que je vous dise, répond » le Gentilhomme, j'étois un insensé, je ne » savois pas ce que c'étoit que la necessité; je » vous demande mille pardons de la témé- » rité de mon jugement.

Poussons la suposition encore plus loin.
Le

Le Négotiant compose avec ses Creanciers, & en leur partageant ce qui lui reste, dans de justes proportions, il est déchargé. Industrieux & élevé dans le Negoce, il l'entreprend de nouveau, & peu à peu il rétablit ses affaires; à la fin un heureux voyage, ou ce que les Marchands apellent un grand coup, le remet entierement dans sa premiere fortune. Il se ressouvient de ses dettes, & conservant dans son ame les Principes de l'*Honnêteté*, qui lui a toûjours été naturelle, il assemble ses Créanciers, & quoiqu'ils ne puissent pas l'y forcer par les voyes de la justice, il leur paye exactement tout ce qu'il leur devoit encore.

D'un autre côté le Gentil-homme voyant ses affaires desesperées, sort du païs, prend le parti des armes, & se comportant bien il parvient à être Officier. Son merite le distingue de plus en plus, & il monte aux postes les plus éminens; mais enivré par sa fortune, il ne songe plus aux dettes qu'il avoit contractées autrefois dans sa Province; il s'établit à la Cour, uniquement occupé à se maintenir dans la faveur du Prince, à qui il doit son élevation, & il fait valoir son titre d'Honnête-homme, tout autant qu'il l'a fait dans sa premiere Jeunesse. Demander qui de ces deux est le veritable Honnête-homme, c'est mettre en problême, qui fut le veritable Penitent, le *Pharisien ostentateur*, où l'*humble Publicain*. L'*Honnêteté* semblable

ble à l'amitié s'éprouve dans le creuset de l'affliction, & ceux qui crient le plus fort contre les malheureux, dont la probité semble se démentir dans l'infortune, sont d'ordinaire ceux dont la vertu est la moins capable de soûtenir les attaques de l'adversité.

Agir en Honnête-homme dans la tranquilité, & dans l'abondance, est un bien qui procede d'ordinaire de nos parens, qui nous ont laissé du bien, & de l'Education. Mais agir en homme d'honneur dans des circonstances malheureuses, au milieu des chicanes, & des injustices dont nous sommes accablez par des parens, & par des amis, & sur les bords même de la disette, c'est une benediction, qui ne nous sauroit venir que du Ciel ; c'est une force d'esprit que la Grace seule est capable de nous fournir.

Dieu ne fait pas un grand merite à l'homme d'observer ses Loix, tant qu'il le comble de prosperitez ; & dans le Dialogue, que le Diable eut avec son Créateur touchant Job, il emprunte de là un argument qui n'est que trop concluant d'ordinaire : *Oüi*, dit Satan, *Job est homme de bien, & la chose n'est pas surprenante, tu lui donnes tout ce dont il a besoin ; je te servois moi-même, & je te serois aussi fidelle que Job, si tu me faisois autant de bien qu'à lui. Maintenant met seulement un doigt sur lui, arrête un peu ta main, dépouille-le un peu, & rend-le semblable à un de ceux qui se courbent devant lui, tu ver-*
ras

ras qu'il est tout comme les autres hommes ; & même le chagrin, qu'il aura de ses pertes, le portera à te maudire en face.

Il est vrai que la conjecture du Diable ne fut pas juste, mais cependant il y avoit beaucoup de probabilité ; & l'on en peut tirer les conséquences suivantes.

1°. Que c'est une chose aisée, de soûtenir le Caractere d'*Honnesteté* & de *droiture*, quand un homme n'est pas embarrassé dans des affaires épineuses, & qu'il n'est pas talonné par la disette.

2°. Qu'il est temps de prouver qu'on a veritablement le caractere d'*honneste-homme*, quand on est accablé par le malheur.

Un honnête homme, à qui la fortune rit, peut par fanfaronnade conter à tout le monde, qu'il est *honneste-homme*, mais un Honnête-homme qui se trouve dans la misere a la satisfaction d'entendre dire par les autres, qu'il est *honneste-homme*.

Pour bien entrer dans le veritable caractere de l'*honnesteté*, il faut donner quelque chose à la foiblesse humaine, & distinguer exactement entre des actions passageres & accidentelles, & entre une pratique constante Mon but n'est pas d'animer les hommes à renoncer sans scrupule à la Vertu dans la necessité ; ce que je veux dire, c'est uniquement, qu'il ne faut pas condamner précipitamment ceux qui dans des embarras extraordinaires & dans les difficultez les plus pressantes,

F 4

santes, se laissent emporter à une mauvaise action, parce que la tentation est superieure à la fermeté de leur ame.

L'Ecriture Sainte nous dit, que David étoit un *homme selon le cœur de Dieu*; & cependant elle nous apporte plusieurs de ses actions, qui selon la maniere moderne de censurer la conduite des Hommes, étoient très-capables de rendre sa vertu douteuse. Pour moi je comprends que le témoignage que l'Histoire Sacrée nous donne de la droiture de son ame, est fondé sur une inclination generale de son cœur, qui le portoit à la pratique constante de ses devoirs à l'égard de Dieu & des hommes, quoiqu'elle fût interrompuë de temps en temps, par la foiblesse humaine, secondée par de puissantes tentations. Ces tentions & d'autres circonstances épineuses le firent tomber quelquefois, sans le priver entierement de la force de se relever de ses chutes. Un acte criminel n'établit pas le caractere d'un *Malhonnête hom-me*; l'habitude du crime rend quelqu'un digne de ce titre, & il faut toûjours juger du cœur de nôtre prochain par la suite generale de ses actions.

Ce même Prophete s'est laissé aller d'autres fois à des actions irregulieres, qui, quoique contraires aux Loix de Dieu, ne laissoient pas d'être excusables par la nécessité. Il prit de la main des Ministres du Temple, les pains de proposition, qu'il n'étoit pas permis de manger ; Mais il sçavoit, que ce même Dieu qui avoit défendu dans la *Loi écrite* de ne les pas manger, lui avoit défendu par la *Loi de la Nature* de se laisser mourir de faim, & pressé par cette necessité il eut la hardiesse de pecher contre cet article de la Loi Cérémonielle. Jesus-Christ allegue ce fait & la vûë, dans laquelle il s'en sert, merite de l'attention, puisque c'est précisément pour prouver, que des choses illégitimes dans un certain sens, peuvent être renduës innocentes par la nécessité.

Il n'est pas si facile de justifier David sur d'autres actions d'une nature differente. La résolution, par exemple, qu'il prit d'exterminer Nabal & toute sa famille, étoit tout à fait inexcusable ; le motif de cette résolution la rendoit encore plus criminelle, puisque c'étoit le desir de se vanger de la brutalité de cet homme farouche. L'offense pourtant étoit cruelle, & ne pouvoit que faire un effet terrible sur la vivacité de ce Prince, qui n'auroit pas laissé de commettre un crime affreux en confondant l'innocent avec le coupable, si Dieu ayant pitié de lui ne fût venu au secours de ce temperament vif & bouillant, & n'eût prévenu l'effet de ce dessein précipité.

Il y a d'autres exemples de la même nature dans les Livres sacrez, qui fondent toûjours le caractere des hommes sur leurs habitudes & sur le penchant general de leurs

cœurs,

cœurs, sans laisser à leurs noms la moindre marque d'infamie, pour des actions particulieres; quoique bien souvent atroces, & scandaleuses au suprême degré.

Si quelqu'un de mes Lecteurs tire de ces reflexions des motifs pour se livrer sans résistance à sa foiblesse, à la moindre apparence de nécessité ; qu'il songe, que par cela même il tombe dans une contradiction, puisque ce qui excuse de pareilles fautes, est une nécessité qui triomphe de la résistance. Ce n'est pas tout ; il n'a qu'à me suivre dans mes reflexions pour voir la subtilité d'un semblable prétexte.

Si jamais un véritablement *Honneste homme* a le malheur de s'égarer de ses propres Principes, non-seulement il en sent la plus vive mortification, mais il ne manque jamais d'en donner publiquement des marques. Il confesse dans toutes les occasions devant Dieu, & devant les hommes qu'il a été assez malheureux pour succomber & pour pécher contre ses propres lumieres. Il a tant de honte de l'infamie de son action, qu'il ne songe pas seulement à la défendre, ou à la pallier; il rentre avec chaleur dans la carriere de son devoir, dès que la tentation est passée ; il previent ses plus cruels ennemis dans le desir de l'accuser, & dans toutes les occasions il donne les plus fortes marques d'une répentance sincere.

Par une pareille conduite, il paroît évidemdemment que les fautes, qu'un tel homme a commises, n'ont pas détruit le fond de son integrité, & que ses chutes, quoiqu'elles ayent été assez frequentes, ne le doivent pas faire considerer comme un *Malhonneste-homme.*

Il ne seroit pas difficile même de prouver que la necessité qui peut tirer du chemin de la Vertu, les hommes qui ont le cœur le plus excellent, non-seulemens ne détruit pas leur caractere, mais encore rend chaque mauvaise action, moins criminelle, & dans sa nature, & dans ses circonstances. Il est certain que ces sortes de crimes restent toûjours crimes par rapport à la Divinité, & que la *necessité* ne les empêche pas de devoir être considerez, comme un manque de respect pour les Loix formelles du Souverain Legislateur. Il est indubitable que je peche toûjours, en dérobant les alimens qui appartiennent à un autre, quand ce seroit uniquement pour m'empêcher de mourir de faim. Celui, que j'en prive, peut-être quelquefois dans un aussi grand danger que moi-même, & quand cela ne seroit pas, je m'approprie toûjours, ou par fraude, ou par violence, un bien, sur lequel je n'ai pas le moindre droit. Pour savoir si cette action est bonne, ou mauvaise, il ne s'agit pas d'examiner, si une telle nourriture m'est nécessaire ou non, mais si elle appartient à mon prochain, ou à moi. Si elle lui appartient, je
ne

ne sçaurois m'en emparer sans un mépris manifeste de la Loi de Dieu, qui me dit: *tu ne déroberas point*. Voilà pour ce qui regarde ces sortes de crimes par raport à Dieu.

Mais quand nous refléchissons sur la Nature humaine sujette, en consequence de la transgression d'Adam, à la foiblesse & à l'infirmité, & sur la relation que les hommes ont les uns avec les autres, la nécessité & les malheureuses circonstances où nôtre prochain peut se trouver doivent nous fournir de fortes preuves, pour l'absoudre dans nôtre Esprit. Du moins elles doivent nous empêcher de fonder son caractere sur ses égaremens, quand même dans la situation supposée, il tomberoit dans les crimes les plus infames, pourvû qu'ils ne fassent pas le fond de sa conduite. Je dis plus; si pendant un certain temps il paroît démentir entierement sa conduite précedente en réiterant ses chutes, il faut les considerer comme emporté par un orage de longue durée: C'est la *Pauvreté* c'est la *Misere*, qui l'ont jetté sur un *Banc de sable*, dont il a de la peine à se tirer, pour se remettre à flot. Il s'agit seulement de savoir, s'il dirige son cours vers le peché, comme vers un port. Il peut arriver qu'un Vaisseau soit emporté par un courant dangereux, sans qu'on puisse soupçonner l'habileté ou la prudence du Pilote: Mais quand on serre le vent, de propos déliberé, & qu'on s'efforce à porter le navire sur un rocher,

rocher, qu'on voit devant foi, c'eft alors qu'on fait voir clairement, qu'on fe fait un plaifir de faire naufrage.

Si on ne mérite le titre d'Honnnête homme que quand on a eu affez de force pour ne faire jamais la moindre bréche à la droiture de fes fentimens, que lorfque par une fermeté inébranlable, on s'eft mis une fois pour toutes à l'abri des égaremens, où nous peuvent conduire la *Profperité & l'Adverfité*, malheur à moi, malheur à mes Lecteurs ; où eft l'homme qui peut s'attribuer une force fi extraordinaire ! dans quel coin du monde chercherons nous l'honnête homme ?

Par bonheur les Livres facrez ne renfetment pas ce caractere, dans des bornes fi étroites. *L'Homme jufte*, nous difent ils, *tombe fept fois par jour, & fe releve*. Quoi ! un homme qui commet plufieurs crimes par jour peut-il être fenfé *un homme jufte*, un *Honnefte homme* ! Oui, le monde a beau crier, que c'eft un *Scelerat*, & qu'il faut le pendre; il peut être *jufte*, & *homme de bien* au Tribunal de Dieu, qui feul peut comparer avec exactitude le temperament de ce malheureux pécheur, avec la force des tentations, aufquelle il a fuccombé.

Le principal but de ce que je viens de dire, eft de précautionner les hommes contre la précipitation avec laquelle ils impriment des marques d'infamie dans la réputation de ceux, qui par foibleffe, ou par la malheureufe reuse situation, où ils se trouvent, tombent dans des fautes remarquables. Ces Censeurs téméraires doivent conclure de mes réflexions, que ces mêmes malheureux objets de leurs Critiques peuvent se retirer du gouffre où ils se sont plongez, & devenir en peu de temps, par une répentence sincere, de plus Honnêtes-gens aux yeux de Dieu, que les prétendus gens de bien qui les déchirent d'une maniére si impitoyable.

Il faut que je réponde ici à une objection, fort familiere à ces Honnêtes-gens si prompts à la censure. *Vous me parlez*, me dira quelqu'un de ces Messieurs là, *de tomber & de se relever, de pecher & de se repentir, voici un drolle qui m'a attrapé une somme considerable. Il me vient dire qu'il s'en repent qu'il espere que Dieu lui a pardonné son crime, & qu'il y auroit de la dureté à moi, a ne pas imiter le grand Juge du monde, il m'en demande mille pardons ; c'est-à-dire il me prie de lui permettre de restituer mon bien. Qu'est-ce que tous ces beaux discours ont de commun avec mon argent ? Qu'il me paye, & je lui pardonnerai de tout mon cœur. Dieu lui fait la grace de ne se point souvenir de son peché. Je le veux, mais cette bonté de Dieu ne repare pas la perte, que la friponnerie de cet homme m'a causé.*

Tout ce que je puis répondre à cette objection, c'est que vous avez raison, si l'homme qui vient vous parler sur ce ton peut vous payer

payer, & ne le fait pas; car je suis persuadé, que chaque faute de cette nature doit être reparée par la restitution, aussi bien que par la repentance. Cette restitution doit aller aussi loin que s'étend le pouvoir du coupable, & s'il y manque la moindre chose à cet égard là, il n'est pas possible que sa répentance soit sincere.

Mais si l'homme dont il s'agit est absolument incapable de vous faire la moindre restitution; ou bien s'il la fait autant qu'il en est capable, & s'il vient alors vous tenir les mêmes discours, vous avez tort, si vous ne vous y rendez pas, & c'est lui qui a raison. *Il est Honnête homme, quoiqu'il ne se trouve pas en état de payer ses dettes, mais il seroit Malhonnête-homme, à coup sûr, s'il pouvoit vous payer, & s'il ne le vouloit pas;* C'est là ce qui doit être la regle de vôtre conduite à son égard.

Il y a un nombre infini d'accidens capables de précipiter un homme du faîte de la Prosperité, dans un abîme de miseres. Quelquefois ce malheur a pour cause, ses vices & sa mauvaise conduite, quelquefois son ignorance, sa petitesse d'Esprit, son manque de jugement; quelquefois les fraudes & les fourberies des autres; enfin bien souvent ce malheur arrive par des desastres inévitable, par lesquels la Providence divine nous fait voir; *Que le prix de la carriere n'est pas pour le plus agile, ni la victoire pour le plus fort,*

fort, ni la richesse pour le plus judicieux.

J'ai dit que quelquefois on tombe dans la pauvreté, & dans la misere par ses propres vices. L'Honneste-homme, dont je parle, ne sçauroit être miserable de cette maniere là; cette misere est criminelle elle-même, puisqu'elle a le crime pour cause. C'est comme un meurtre qu'on voudroit excuser parce qu'on l'a commis dans l'ivresse, ce qui n'est qu'alléguer un crime. Telle étoit la misere de l'enfant prodigue, qui par des débauches continuelles avoit dissipé tout son patrimoine. On peut dire que celui qui est dans ce cas, & qui ne paye pas ses dettes, agit en Malhonnête homme, parce qu'il pourroit les payer, s'il n'avoit pas donné au luxe, & à l'intemperance, ce qui étoit dû à ses Créanciers.

Il y en a d'autres qui tombent dans l'état le plus triste, faute d'avoir le génie requis pour bien ménager leurs affaires. Ceux là peuvent être Honnêtes-gens malgré l'imbecilité de leur Esprit. Un cœur excellent peut accompagner un esprit de la derniere foiblesse? Je conviens que l'*homme de bien* est véritablement l'*homme sage*, pour ce qui regarde la partie la plus essentielle de la sagesse, sçavoir la Religion. Mais il arrive souvent que l'homme le plus exact par raport aux devoirs de la pieté, & qui aimeroit mieux mourir, que de faire de propos déliberé le moindre tort à son prochain, envelope par un défaut de son jugement, dans la ruine de sa propre famille, les familles de plusieurs autres. Mais, me dira-t-on, cette homme-là est pourtant inexcusable, il a tort de s'engager dans des affaires, qu'il n'a pas l'esprit de ménager; vouloir le justifier parce que c'est un *Imbecile*, c'est faire la même chose qu'on vient de condamner dans l'article précédent, c'est *excuser une faute, par une autre*.

Je ne sçaurois être de ce sentiment là. Quand on me demande, pourquoi un imbecille entreprend des affaires, qui sont au-dessus de sa portée, je n'ai rien à répondre, sinon qu'il le fait parce que c'est un imbecille qui ne connoît pas la portée de son Esprit. Si vous voulez convaincre un homme de son manque de lumieres, il faut commencer par lui donner assez de lumieres pour pouvoir en être convaincu; sans cela il ne sauroit être persuadé de sa sottise, par cela même que c'est un sot.

Il est naturel de croire dans le fond qu'aucun homme n'est responsable, ni devant Dieu, ni devant le monde, des talens, qu'il n'a point reçus. Je n'ai jamais entendu exprimer cette verité d'une maniere plus forte, que par un certain idiot achevé, qu'un Gentilhomme de ma connoissance, nourrissoit dans sa maison. Ce pauvre niais étant au lit de la mort, avoit l'air extrêmement rêveur, & se montroit fort embarassé sur l'i-

Tome V. G dée

dée de la mort, & de l'éternité, qui doit la suivre. Mon ami fit venir un Ministre auprès de lui, qui proportionnant ses expressions à l'imbecillité du malade, lui expliqua du mieux, qui lui fût possible, les matieres dont je viens de parler. Ce pauvre homme qui pendant toute sa vie n'avoit pas eu le bonheur de donner une réponse raisonnable à la moindre question, se mit à répandre des larmes, en s'écriant, *qu'il e periot, que Dieu n'exigeroit pas de lui des choses, qu'il ne lui avoit pas donné le jugement de comprendre*. Quoiqu'il en soit par raport à la Divinité, qui connoît au juste les talens qu'il a donnez à chacun, & jusqu'où peut aller l'usage qu'on est capable d'en faire ; j'ose avancer comme une verité incontestable qu'à l'égard de la Société Civile un homme ne doit pas être responsable d'une action, qui paroît évidemment procéder d'un défaut de jugement.

Il y a d'autres cas, & en grand nombre, où un homme se voit ruiné d'une maniere purement passive ou par des fraudes & des vols, ou par des desastres extraordinaires, Guerres, Orages, Inondations, &c. en un mot par des causes indépendantes de son jugement, & de son *Honnesteté*. C'est de cete maniere que le Diable, par la permission divine, précipita Job tout d'un coup de l'état le plus florissant, dans la misere la plus affreuse. Si dans une telle situation causée par des Catastrophes inévitables, un homme ne paye pas les dettes, il y a un extravagance épouvantable à le traiter de *Malhonneste-homme*, à moins qu'on ne veüille soutenir, qu'il n'est jamais permis à un homme, de quelque maniere, que ce puisse être, d'emprunter de l'argent, sur son crédit, ce qui est encore de la derniere absurdité.

Cette matiere me conduit assez naturellement à une petite digression sur les *Banqueroutes*. A mon avis la crainte de manquer est la cause ordinaire qu'un Marchand manque. Un Négociant voyant que son crédit est encore bon, quoique son fond soit épuisé, pousse son Négoce avec d'autant plus de vigueur, & il s'anime à faire des coups hardis, dans l'esperance, qu'un heureux voyage, ou quelque circonstance avantageuse le réconcilieront avec la fortune.

Quelque puisse être le succès de cette hardiesse, j'avoüe que j'y trouve manifestement un défaut d'*Honnesteté*. Un homme qui sçait que son fond est épuisé soit encore en son entier, fait une injustice palpable, quand il contracte quelque dette; Il fait alors son commerce au risque des autres, & non pas à ses propres risques, puisqu'il n'a plus rien à perdre; par la même raison, il négotie à son propre profit, & non pas à celui de ses Créanciers, ce qui est absolument contraire à l'équité. Il trompe celui dont il prend l'argent, & qui le hazarde, dans la supposition que le fond de son Débiteur répond à son crédit. Il est Malhonnête homme, quand même ; en cas qu'il vienne à manquer, il payeroit à ce dernier Créancier toute la somme duë ; car il est certain que les autres Créanciers ont eu, avant le contract qu'il a fait avec le dernier, un droit sur tous ses effets, chacun à proportion de ce qu'il leur étoit dû ; par conséquent s'il ne donne à ceux-ci qu'une portion & la somme totale à celui-là, il leur fait une injustice réelle.

C'est pour cette raison, que je conseillerois à tous les Négotians, qui voyent que leurs affaires vont à reculons, d'arrêter leur commerce tout court ; sinon quand ils sont encore en état de payer tout le monde, du moins lorsque leur fond commence à être inferieur à leurs dettes. Ils feroient bien alors d'assembler leurs Créanciers, & de les payer entierement, ou s'ils n'en ont pas le moyen de partager du moins entre eux par des portions justes, tout ce qui reste encore en caisse ou dans le magazin. Une telle conduite leur attireroit la benediction du Ciel, & leur conserveroit la réputation d'Honnêtes gens qui est un excellent fond pour entreprendre de nouveau quelque commerce. Fort souvent une *Honnêteté* si exacte, & si genereuse fait de si fortes impressions sur l'Esprit de certains Créanciers qu'ils ont laissé à leurs Debiteurs des sommes assez considérables pour rétablir leurs affaires, & qu'ils les ont soûte-

soûtenus de leur crédit dans toutes les occasions. Ce procédé par conséquent n'est pas seulement admirable par rapport à l'*Honnêteté*, il l'est encore par raport à *l'interêt*. Il est infiniment préférable à la remerité d'entasser mauvaises affaires sur mauvaises affaires, jusqu'à ce que le fardeau accable en même temps & Créancier & Debiteur. Si mon conseil étoit suivi, on se précautionneroit contre une infinité de desastres, propres à mettre l'integrité des hommes & des épreuves presque insoûtenables.

Si les hommes consultoient ce principe de droiture, qui est dans leur Raison, ils verroient qu'il n'est permis d'emprunter de l'argent, que lorsqu'on a une certitude morale, qu'on sera en état de payer. Emprunter c'est promettre de payer; & promettre absolument ce qu'on n'est pas sûr de pouvoir tenir, c'est agir en *Malhonnête-homme*, comme je le prouverai ci-aprés. Suposé même, que dans la suite on se trouve en état de payer & qu'on paye actuellement, cet heureux succès, & cet acte de probité ne redressent pas ce qu'il y avoit d'irrégulier dans l'emprunt; on a réellement trompé le Créancier, en lui faisant courir un plus grand risque qu'il ne pensoit, & qu'il ne vouloit. On lui a donné des idées fausses du fond, qui devoit faire la sureté du payement : par conséquent il y a ici manque de probité, sur manque de probité, pour ne pas dire, fraude sur fraude.

Je

Je sçai bien que tout le monde n'est pas de cette opinion, & que la chose est pratiquée par bien des gens, qui passent pour gens d'honneur dans le monde. Je suis sûr qu'un homme, qui me dupe par son crédit, & qui prend mon argent, quoiqu'il soit persuadé, que s'il venoit à mourir le lendemain, son fond ne feroit pas le quart de la dette, est un fripon, quand même il me payeroit au terme fixe. Je dis plus, il est aussi coupable de vol, que s'il avoit pillé ma maison. Le Crédit est l'opinion generalement reçuë de l'*Honnêteté* & de la *capacité* d'un homme de la volonté, & des moyens qu'il a de payer ce qu'il doit, Dès que le public est persuadé qu'une de ces qualitez manque à quelqu'un il faut de necessité que le crédit de cet homme commence à chanceller. On ne confie pas volontiers son bien à un Malhonnête-homme, quoiqu'opulent, ni à un pauvre, quelque convaincu qu'on soit de sa probité.

Si l'on suppose generalement, que je sois *Homme d'honneur, & en état de payer*, & que je contracte quelque dette, quoique je sache, que la derniere supofition soit fausse, la premiere devient fausse en même-temps. Envain prétend-on que tout le Négoce roule sur l'*aparence*, & sur la *réputation*, & que par là tous les Négocians sont exposez au même risque ; il est certain qu'on ne court generalement ce risque qu'à cause du grand nombre de Malhonnêtes-gens. Rien n'est

plus

plus ordinaire que de confier des sommes considérables à un homme qui se prépare à faire un magnifique banqueroute, quoique son crédit soit plus brillant que jamais. Mais s'il accepte les sommes, qu'on lui offre, il est Malhonnête homme au suprême degré, parce qu'il connoît le véritable état de ses affaires ; & qu'il est convaincu que celui avec qui il a affaire, est la dupe de l'opinion generale.

Il y a un autre défaut de probité, qui regarde le Commerce, & qui n'est que trop familier à des personnes qui ont la réputation d'être *Gens d'honneur* ; Je veux parler de l'usage qu'ils font de fausses especes. J'ai connu plusieurs Négotians, qui mêloient dans leur caisse de mauvaises especes avec les bonnes, pour les glisser dans chaque somme qu'ils avoient à payer, dans l'esperance qu'il y auroit du moins quelqu'un qui ne les rebuteroit pas. Ils ne se faisoient pas le moindre scrupule de cette conduite, quoiqu'à mon avis il soit impossible de la défendre par des raisons plausibles. *Je l'ai reçû pour de bon argent, & il est juste que je le donne sur le même pied* ; Prétexte frivole s'il y en eût jamais. C'est la même chose que si l'on disoit, j'ai été fourbé par *Jean* ; donc je suis en droit de fourber *Pierre*. Si j'ai reçû de fausses pieces pour bonnes, & si je les donne à d'autres, pendant que je suis encore dans cette erreur ; je ne fais rien de contraire à la justice, & à la probité. Mais si quelqu'un
exa-

examinant de près ces pieces les trouve fauſſes, me les rend, & m'oblige à y ſubſtituer des eſpeces de bon alloi, je commets une friponnerie manifeſte, en tâchant de les faire recevoir par quelqu'autre. C'eſt une verité qu'on peut prouver démonſtrativement.

Si le premier a rebuté ces *pieces*, c'eſt qu'il a été aſſez attentif & aſſez habile, pour en connoître la fauſſeté ; Quand je l'offre enſuite à l'autre, c'eſt dans l'attente qu'il n'aura point la même attention, ou la même habileté, & par conſéquent mon deſſein eſt de profiter de ſon ignorance, ou de ſa négligence, qu'il fonde peut-être ſur l'opinion, qu'il a de ma probité.

Poſons quelques cas ſur ces paralleles, pour répondre encore plus de jour ſur cette preuve. Un aveugle entre dans ma boutique, & il me donne une Guinée à changer pour payer ce que je lui ai vendu ; ſi je lui rends le reſte de ſa piece en eſpéces de mauvais alloi, ne paſſerai-je pas dans l'eſprit de tout le monde non-ſeulement pour un fripon, mais encore pour un homme privé de toute humanité ? Dans le cas précedent, c'eſt préciſément la même choſe. Celui qui ne ſe connoit point en argent, eſt aveugle à cet égard-là, & il y a de la fourberie & de l'inhumanité à moi, à profiter de ſon manque de lumiéres.

Autre exemple : on envoye chez vous un Enfant ou un Domeſtique qui ne vient que d'entrer en condition ; Il vous demande
quel-

quelque aulne d'étoffe de la meilleure forte, & vous profitant de son ignorance, vous lui en donnez d'une sorte inferieure sans diminuer le prix à proportion. Si l'on vous maltraite pour un procédé de cette nature, oserez-vous seulement ouvrir la bouche pour vous en plaindre ? Le cas est encore parfaitement semblable ; on commet la même injustice criante en donnant du cuivre pour de l'argent dans l'attente, que celui que l'on paye sera assez négligent, ou assez mal habile, pour ne le pas remarquer.

Mais, me dira ici quelqu'un de ces Marchands plus ingenieux que les autres à pallier ses fautes, *un pareil procedé ne fait pas la moindre bréche dans mon caractere d'honnête-homme, puisque je ne manque jamais de reprendre ces pieces quand on me les rapporte, & d'en donner de bonnes à la place.* Fort bien un coupeur de bourse en fait autant ; il est trés-ponctuel à vous rendre vôtre mouchoir, ou vôtre montre, si vous le prenez sur le fait & si vous le menacez de le livrer au bras séculier de la Canaille. Si vous ne réussissez pas dans vôtre fourberie, ce n'est pas manque de mauvaise volonté, & l'on ne doit pas vous savoir le moindre gré de ce que vous faites alors, ce que par les voyes de la Justice on pourroit vous forcer de faire.

Mais posons que vôtre fourberie ait le succês que vous en attendez, voyez je vous prie, quelles en seront les conséquences ? Le peché que vous avez fait d'abord contre la probité, se multiplie à mesure que la piece en question passe par les mains de gens qui la donnent pour bonne, quoiqu'ils la connoissent pour mauvaise. Ce n'est pas tout ; il peut arriver qu'elle tombe à la fin en partage à un pauvre Artisan qui ne sauroit s'en défaire, & qui par là peut se voir réduit à mourir de faim avec sa famille.

La chose est trop évidente, pour s'y arrêter plus long-temps, & je crois être en droit de soûtenir, que de faire passer dans le commerce de mauvaises Especes, pour bonnes, c'est donner à un aveugle du sable pour du sucre, & du pain de seigle au lieu de pain blanc.

Du Caractere d'Honnete-homme, par rapport aux promesses.

LA marque la plus sensible qu'on puisse donner de sa probité, c'est l'accomplissement exact de ses promesses. La parole d'un Honnête-homme lui est la chose du monde la plus sacrée ; c'est un contract formel. Cette noble exactitude n'est pas la suite d'une résolution qu'il forme à loisir, pour soûtenir, ou pour augmenter sa réputation ; c'est un effet naturel de son intégrité. Pour executer ses promesses, il n'a que faire de poser des Principes & d'en tirer des consequences ; son cœur s'y porte de soi-même ; il se gêneroit,

s'il

s'il ne les accomplissoit pas avec la derniere ponctualité.

Lorsqu'une fois il a donné sa parole, on peut s'y fier, quand il s'agiroit de la vie même ; il s'exposeroit plûtôt aux dernieres extremitez, que de chercher un lâche détour, pour sauver son honneur en se dérobant à sa probité.

Cette branche de la veritable *honnêteté* demande la précision la plus grande ; la seule raison par laquelle on peut l'excuser, si l'on ne garde pas sa parole, dans le sens le plus propre, c'est une impuissance absoluë de le faire. Changer le sens naturel des expressions, n'accomplit ses promesses qu'en partie, c'est une bassesse, c'est une lâcheté, dont un homme d'honneur ne sauroit être capable.

Je croi que c'est le respect extraordinaire que nos ancêtres avoient pour leur *parole*, qui les a portez à attacher une si forte marque d'infamie, à l'affront de recevoir un démenti. Dire à un homme, *qu'il ment*, c'est lui faire le plus cruel reproche, c'est attaquer directement son caractere d'honnête-homme. Si le Mensonge en general est si infamant, il doit l'être à plus forte raison, quand il trompe l'attente d'un homme qui se fie à nôtre parole. Dans le moment même qu'on tombe dans cette honteuse lâcheté, on déroge, on souille le sang dont on est sorti, on se confond avec les faquins les plus méprisables.

Ceux qui ont poussé les idées du point d'honneur jusqu'à la chimere, soutiennent que le démenti ne doit être donné qu'aux derniers des hommes ; qu'à des gens accoûtumez à recevoir patiemment des coups de pied, & des coups de canne. Selon eux, cet affront doit passer pour si atroce, & pour si insupportable dans l'Esprit de tout autre, que celui qui se hazarde à choquer jusques-là les regles de la politesse, n'a pas le moindre droit de prétendre qu'on en use avec lui, selon les regles ordinaires de l'honneur. On peut le mettre de niveau avec les bêtes feroces qu'on assomme, par tout où on les trouve ; il est permis de lui casser la tête d'un coup de pistolet, ou de lui enfoncer un poignard dans le cœur, dans quelque ruë obscure ; en un mot, il est permis de prendre toutes sortes de mesures pour en délivrer le monde, comme d'un homme indigne d'être membre de la Societé humaine.

Mon intention n'est pas de plaider pour ces sortes de maximes extravagantes ; je les allegue uniquement pour prouver la véneration générale qu'on a pour la *Veracité* d'un homme, & pour sa ponctualité à garder sa parole. Les François quand ils croyent être attaquez dans leur honneur sont d'abord prêts à dire, *je suis Homme de parole*, & par ces expressions ils désignent d'ordinaire tout le caractere d'un Honhête-homme. Ils n'ont pas tort ; cette exactitude réside rarement dans une Ame basse & lâche, & par tout où elle se trouve, on peut s'attendre à y découvrir aussi toutes les autres branches de la véritable *Honnêteté*.

Nos Peres mettoient autrefois la *parole* à un si haut prix, que la Justice forçoit un homme à payer sur sa simple promesse. Mais ensuite un grand nombre d'inconveniens furent cause, qu'on restraignit par un acte, ces sentences aux sommes, qui étoient au-dessous de dix Livres Sterling. Cependant il reste encore établi parmi nous, qu'une simple promesse de mariage, sur tout si elle est confirmée par quelque faveur, oblige un homme à épouser la personne, à qui il l'a donnée, ou du moins qu'elle le force, à ne pas contracter un autre mariage. A cet égard nos Loix civiles s'acordent parfaitement avec les Loix de l'équité & de l'honneur.

On peut alleguer un nombre infini d'exemples de l'hommage que toutes les Nations rendent à cette *Veracité* qui porte les hommes à acquiter leurs promesses. Rien n'est plus ordinaire dans la guerre que de laisser aller un Prisonnier sur sa parole, pour avoir soin de ses affaires, ou pour aller chercher dequoi payer sa rançon. Celui qui seroit assez lâche pour ne point avoir égard à cette parole, & pour ne se pas remettre entre les mains de ses ennemis, seroit pendu s'il étoit pris de nouveau, & passeroit pour infame dans l'esprit de ses Compatriotes mêmes.

Quand ce ne seroit pas pour l'amour de la

Vertu, un homme un peu sensé devroit plûtôt risquer tout, que de déclarer à tout le monde, en violant ouvertement sa parole, *qu'il est un malheureux*. C'est précisément la réputation d'un homme de parole, en quoi consiste cette bonne renommée dont parle Salomon. *Elle est meilleure, que la vie*, dit-il, *c'est un onguent précieux, & quand un homme l'a perdu une fois, il ne lui reste rien qui merite d'être conservé.*

L'unique ressource d'un tel homme, c'est de s'aller pendre dans quelque coin, car il ne doit pas s'attendre au moindre Commerce avec des hommes qui ont une ombre d'honneur. Ceux qui ont le moindre soin de leur réputation seroient au désespoir qu'on les vit dans sa compagnie; chacun l'évite comme s'il étoit pestiferé.

Il y a certaines gens, qui affectent une grande ponctualité dans la maniere d'accomplir leurs promesses, & qu'on ne sçauroit pourtant apeller Honnêtes-gens, parcequ'ils donnent dans d'autres vices, & dans d'autres irrégularitez, qu'ils veulent pallier par cette seule vertu. Par ce procédé ils rendent justice au merite de l'*Honnêteté*, puisqu'ils la considerent comme le masque le plus beau, & le plus propre à cacher les autres difformitez de leur cœur. De cette maniere l'*Honnêteté* est employée comme l'intérieur de la *Religion* pour masquer un Hypocrite, & pour attirer à une *ombre* de Vertu l'estime qui est dûë duë à *l'essence même*. Si l'*Honnêteté* n'étoit pas considérée comme la qualité la plus excellente, on ne s'en serviroit pas, comme du prétexte le plus spécieux. Aussi faut-il avoüer, qu'il n'y a pas un moyen plus sûr de ménager à un Hypocrite le tître d'homme de bien, qu'une ponctualité aparente à garder religieusement sa parole. Rien ne lui est même plus utile ; dès qu'un homme est assez habile pour répandre généralement le bruit de l'inviolabilité de sa parole, il n'y a rien de si précieux qu'on n'ose lui confier, rien de si difficile qu'on ne s'engage avec plaisir à effectuer en sa faveur.

Tout le monde paye hommage au caractere d'Honnête-homme ; les scelerats le respectent, les imbeciles l'adorent, & les gens de bien l'aiment de la maniere la plus tendre. Pour l'*Hypocrite* dont je viens de parler, il est plus dangereux pour les Honnêtes-gens, que vingt scelerats reconnus pour tels. Ils ressemblent à des bancs de sable, près desquels on a placé un *fanal* pour en éloigner les Pilotes ; au lieu que l'Hypocrite est semblable à une fosse couverte d'herbe, ou à quelque rocher que les ondes dérobent à la vûë, au milieu de la Mer. Je ne sçai que trop jusqu'à quel point ils sont pernicieux, & je l'ai apris à mes dépens, en me livrant avec trop de confiance à leurs protestations de probité. L'estime que j'ai eu toûjours pour la qualité la plus belle, & la plus précieuse

dont

dont le Ciel favorise les hommes, n'a fait que me rendre plus propre à la dupe de l'image exterieure de cette Vertu.

A mesure que je me suis éloigné, à l'exemple de bien d'autres, de ce noble principe d'integrité, soit par le penchant vicieux de mon naturel, soit par la force de certains désastres, & de certaines tentations, je me trouve obligé de confesser, que j'ai été extravagant & criminel, d'en demander pardon à mon Créateur, & d'en marquer de la honte & de la confusion à mon prochain.

Je me ferai un devoir d'avoüer à mes Lecteurs quels qu'ils puissent être, que j'ai plus d'une fois deshonoré l'Auteur de mon Etre, & avili l'excellence de ma propre Nature, en ne rendant point à ce principe de droiture ce que je lui devois, selon le dictamen de ma propre conscience. Je le confesse ingenument, & je prie ceux qui ont été plus justes à l'égard d'eux-mêmes, & de celui qui distribuë aux hommes les penchants & les lumieres de se rejoüir plûtôt de leur bonheur que de triompher de l'infirmité des autres.

Que cependant, avant que de se livrer à une joye si raisonnable, ils examinent bien, si en toute occasion leur conduite à répondu à leurs talens; qu'ils se persuadent sur de bons fondemens que leur integrité est inalterable, & en état de soutenir les plus rudes épreuves où la peut exposer une fortune délabrée, de fortes tentations, & les chagrins

grins les plus vifs. Qu'ils ne se glorifient de rien, s'ils ne se sont pas encore trouvez dans de pareils dangers ; qu'ils ne posent les armes que lorsqu'ils auront remporté la victoire ; & quand ils se verront effectivement maîtres du champ de bataille, je leur rendrai justice, & je confesserai, qu'ils ont moins besoin de repentance que moi.

Ce n'est pas que je prétende, comme je l'ai déja insinué, que ces circonstances malheureuses me justifient devant Dieu, je veux simplement inferer de ce que j'ai dit, qu'elles doivent fournir de fortes raisons aux gens raisonnables de me juger plûtôt digne de pitié, que de reproches, parce que si leur integrité avoit souffert les mêmes assauts, ils se seroient peut-être rendus aussi lâchement que moi, & que mes semblables.

Il vaut bien la peine de remarquer encore, que le scandale est souvent pris si fort de travers, & que la malice humaine est tellement aveugle, que la censure se détourne d'ordinaire de son véritable sujet pour se jetter sur des sujets imaginaires. J'en ai vû un si grand nombre d'exemples tant par rapport aux autres, qu'à l'égard de moi même qu'ils m'ont donné trés-mauvaise opinion du cœur & de l'esprit de ceux qui se précipitent si fort à décider sur le caractere de leur prochain. Rien de plus frequent dans la Société, que de voir ces Censeurs temeraires jetter leur venin sur ce qu'il y a de bon & d'irreprocha-
ble

ble dans la conduite d'un homme, & de ne toucher pas seulement à ses endroits foibles.

Il m'est arrivé souvent, quand plein d'un profond mépris pour moi-même je m'humiliois devant le throne de Dieu, en m'écriant avec le Publicain, *Seigneur, ayez pitié de moi misérable pécheur*, il m'est arrivé, dis-je, de sourire à la malice impertinente de ceux, dont la langue trempée dans le fiel, & mal dirigée par le jugement, passoit sous silence les fautes pour lesquelles je meritois les plus cruels reproches, pour m'attaquer sur des crimes que je n'avois jamais commis. J'étois prêt quelquefois à en user avec eux comme un chasseur qui rapelle les chiens, qui sont en défaut, pour les remettre sur les voyes.

Quand la malice domine une fois dans un cœur la décision court toûjours devant l'examen, & de cette maniere on renverse sa propre *Honnêteté* en tâchant de détruire celle d'un autre. On ressemble par là au célèbre Cynique qui fouloit aux pieds *l'orgueil* d'un autre Philosophe, par le principe d'un *orgueil superieur*. Ces gens-là, en cherchant à faire douter de ma probité, se déclarent des scelerats achevez eux-mêmes; ils se servent d'un moyen de noircir ma reputation, dont jamais Honnête-homme n'oseroit songer seulemeut à se servir, & que tout Honnête-homme méprise quand on l'employe contre lui. Que ces amateurs de la calomnie ne se fassent pas

un

un trop grand plaisir des frequens aveux, que je fais sans peine de mes fautes, & de mes foiblesses. Qu'ils sçachent que cette humilité, qui me porte à jetter les yeux sur mes propres crimes, lors même que j'ai eu sujet de réfléchir sur ceux des autres, & de les trouver plus énormes que ceux dont ils me chargent, ne m'empêche pas de considerer avec le dernier mépris l'imbécilité d'Esprit par laquelle ils négligent mes véritables fautes, pour se divertir avec les ombres des crimes que je n'ai jamais commis.

Je ne suis pas entré dans tout ce détail pour l'amour de moi-même ; je sçai trop bien que le Public ne prend gueres interêt dans les injustices, qu'on fait à un homme oublié dans le monde, comme moi. Je n'ai allégué tous ces faits que pour mettre dans tout son jour la nature de la véritable *Honnêteté*, & pour en tirer occasion d'établir quelques regles fondamentales de cette admirable Vertu. En voici trois, qui me paroissent dignes de la plus grande attention :

1, *On court grand risque de faire une brêche à sa propre Honnêteté quand on a un grand penchant à relever & à censurer les foiblesses des autres.*

Il n'est pas possible d'être Honnête-homme *lorsqu'on condamne son prochain legerement, & sans être persuadé par de fortes raisons qu'il est coupable.*

3. *Quand même les fautes du prochain sont*
pal-

palpables, un Honnête-homme doit être porté à les excuser, par le sentiment de sa propre foiblesse.

Mais il est temps de revenir de cette digression, & de retourner à mon but principal, sçavoir à l'exactitude avec laquelle un homme d'honneur doit accomplir ses promesses.

Je me represente ici un Négotiant qui vient de demander inutilement de l'argent à un de ses voisins ; *Quelle misere*, dit-il, *je viens de chez Monsieur un tel, qui m'avoit promis de me payer ; Mais autant en emporte le vent, il passe pour un Honnête-homme ; mais la maniere dont il me renvoye d'un jour à l'autre me fait croire que c'est un grand fripon ; il ne se fait pas une plus grande affaire de manquer de parole, que de boire un verre de vin ; Je suis sûr que dans un mois de temps, il m'a debité cinquante mensonges ; & vo là, encore un des honnêtes gens de la Ville ! Parbleu, si tous les honnestes gens comme lui étoient pendus, le Negoce n'en iroit que mieux.*

Quoique je n'aye aucune envie de plaider pour des gens, qui promettent absolument, ce qu'ils ne sont pas sûrs de pouvoir executer, & qui ne fondent leurs promesses positives, que sur un certain degré de probabilité, je ne suis pourtant nullement d'opinion, que tout homme qui ne tient pas ce qu'il a promis ou qui ne s'aquitte pas de sa parole à point nommé, doive passer pour un *fripon*, ou pour un *menteur*. Le bon Dieu soit en aide
aux

aux deux tiers des habitans de cette ville, si une pareille maxime est recevable.

Pour donner des idées nettes de cette matiere il est bon de la distinguer exactement & de la considérer sous toutes ses differentes faces.

D'un côté, quand on promet le payement d'une dette, pour un jour fixe, persuadé que la chose est impossible, ou du moins, qu'elle n'est pas probable, & lorsqu'on ne fait pas tous les efforts nécessaires, pour remplir un tel engagement, il est constant qu'on se rend coupable d'un mensonge prémédité, & de fourberie formelle ; on mérite passer pour une ame basse, & d'être confondu avec les derniers des hommes.

D'un autre côté, ces sortes de promesses doivent être considerées, & par celui qui les fait, & par celui à qui elles sont faites, comme soumises à tous les accidens, qui influent generalement sur toutes les affaires humaines, & que la prudence la plus consommée, est incapable d'éviter. De cette maniere si un homme, qui s'est engagé à me payer aujourd'hui, me dit que par un cas inattendu, il ne sçauroit accomplir sa promesse, mais qu'il me payera sans faute la semaine prochaine je n'ai pas le moindre droit de soupçonner sa probité.

Pour mieux faire sentir cette verité, paraphrasons ainsi la réponse de ce Debiteur. *Monsieur, je conviens que je suis obligé de vous*

vous payer aujourd'hui, mais par un accident, qu'il m'étoit impossible de prévoir, il arrive que je ne me trouve pas assez d'argent en caisse. J'aurois dû recevoir de l'argent de plusieurs personnes, qui me doivent ; ils m'ont renvoyé jusqu'à la semaine prochaine, & si vous voulez bien me venir voir alors, j'ai tout lieu de croire que je serai en état de vous payer. Du moins puis-je vous assûrer qu'il ne tiendra pas à moi.

J'avouë qu'il seroit bon d'étendre de cette maniere ses expressions, quand on entre dans de pareils engagemens, mais la coûtume en a décidé autrement. On se sert de termes généraux, en supposant toûjours les accidens de la vie humaine, qui ne dépendent ni de nôtre sagesse, ni de nos soins.

Je promets, par exemple, positivement de venir trouver quelqu'un, un tel jour, dans une telle ville. Si je parlois à un Barbare, à un Payen, qui n'a pas la moindre idée de la Providence divine, je serois obligé de me servir de cette restriction : *Si le Seigneur du Ciel & de la Terre, qui gouverne toutes mes actions, me conserve la vie & le pouvoir de garder ma parole.* Mais quand je parle à un Chrétien, qui connoit la Providence & qui la supose comme moi, cette restriction paroît en quelque sorte inutile ; nous la sous-entendons l'un aussi bien que l'autre. Si je lui disois, je ne manquerai pas de me trouver au lieu marqué, *suposé que je sois en vie,*
&

& *en bonne santé* ; il pourroit prendre cette clause pour un affront ; *Vous me prenez pour un fou*, pouroit-il me dire, *ne sai-je pas bien que si vous êtes malade, vous ne vous ferez pas voiturer ici avec vôtre lit, & que si vous êtes mort, je n'ai pas la moindre envie de m'entretenir avec vôtre ombre.*

Il faut prendre sur le même pied le procedé d'un Négotiant, qui se trouvant hors d'état de payer dans le temps fixé pour le payement, marque un autre jour, & donne une promesse formelle de payer alors, tout ce qu'on peut entendre par ces expressions, c'est qu'il s'attend a recevoir de l'argent, avant ce temps-là, & qu'il n'a pas la moindre raison de croire qu'il sera trompé dans cette esperance. Supposons à present, que ceux qui lui ont fait des promesses également positives lui manquent de parole, ou que quelque desastre inévitable le mette hors d'etat de payer sans qu'il y contribuë en aucune maniére, je ne vois pas qu'il ne puisse être parfaitement Honnête-homme il n'a pas eu la moindre intention de tromper son Creancier, il n'a rien négligé pour le satisfaire, & il lui a été impossible de prévenir l'accident, qui l'empeche de remplir ses engagemens. Quoiqu'il n'ait pas limité sa promesse par la restrition mentionnée, il est évident qu'il n'est coupable ni de mensonge, ni de fourberie. Si un tel Debiteur merite les noms de *menteur* & de *Malhonnête-homme* que ceux qui sont

in-

innocens à cet égard-là lui jettent la premiere pierre ; tout autre n'en a pas le droit.

Il est vrai qu'il est naturel de distinguer ici un cas particulier d'avec une pratique constante. Je veux dire, qu'il y a de la difference entre une personne qui fait valoir souvent de pareilles raisons de manquer de parole, & entre une personne, qui ne s'en sert que rarement on peut plûtôt soupconner la probité de l'une que de l'autre ; mais dans le fond ce n'est qu'un plus grand degré de probabilité, qui ne laisse pas de pouvoir être trompeuse. Celui qui employe de bonne foi à quarante differentes reprises, les raisons dont je viens de parler, est plus malheureux que celui, qui ne les allegue qu'une fois; mais il n'est pas plus coupable, si ce n'est pas un crime de manquer de parole de cette maniere-là ; & si c'est un crime, celui qui le commet une fois est coupable, aussi-bien que celui qui le commet quarante fois.

Que personne ne prenne mes expressions de travers & qu'il n'en tire point des motifs pour être prodigue en promesses inconsiderées. Le sentier dont il s'agit, est glisant & si près de l'abime de la friponnerie, qu'on y tombe de necessité, pour peu que le pied glisse. Il y a plusieurs choses requises pour conserver le caractere d'Honnête-homme, en manquant de parole.

1. Le malheur qui oblige un homme à manquer de parole, doit avoir été imprévû.

Sans

Sans cela la probabilité qu'il avoit de remplir son engagement a été mal fondée, & le crime qu'on trouve dans son manque de foi, a été réellement dans la témérité de sa promesse.

2. S'il n'a pas fait tous les efforts nécessaires pour se mettre en état d'acomplir sa promesse, il a tort de dire, *mon malheur me rend incapable de garder ma parole* ; il doit avoüer, qu'il s'est mis lui-même dans cette impuissance par paresse ou par manque de bonne volonté; qui ne signifie rien sinon, *je suis un Malhonnête-homme ; j'étois le maître d'accomplir ma promesse, mais je n'ai pas assez estimé le caractere d'Honnête-homme, pour conserver ce titre aux dépens de quelques soins & de quelques efforts.*

Il faut donc qu'en promettant de payer dans un temps fixé, nonseulement on ait une évidence morale de pouvoir le faire, mais encore, qu'on soit industrieux à employer tous les moyens possibles pour n'y pas manquer. Il paroît par là que la matiere est fort délicate, & qu'il n'est pas si aisé qu'on le croit d'ordinaire d'être à cet égard parfaitement Honnête-homme ; ce qui me porte à conseiller aux gens d'honneur d'éviter autant qu'il est possible, les promesses absoluës & sans condition, non parce que la probité l'exige essentiellement, mais parce que c'est un sûr moyen de dérober sa réputation aux moindres aparences de crime.

Tome V. I A

A l'égard de la nature de la chose même, il est évident que ces conditions sont sous-entenduës; & qu'en manquant de parole, on est honnête-homme, quand on a eu véritablement l'intention de la garder, & qu'on a fait tous les efforts possibles pour se mettre en état de la tenir.

*Du Caractere d'*Honneste-Homme *relatif à certains devoirs particuliers.*

L'*Honnêteté* n'est pas seulement une vertu simple, & aisée; c'est encore une vertu générale, qui s'étend sur toutes nos actions. Un homme peut s'attirer justement des éloges par raport à une des branches de sa conduite, & meriter des censures tout aussi bien fondées à l'égard de quelqu'autre. On peut avoir de la probité dans son Négoce, & être injuste par raport à ses parens; un Saint en compagnie, peut être un Diable dans son domestique, & il n'est pas impossible, qu'un observateur religieux de sa Parole ne soit peu exact dans les devoirs de l'amitié. Mais ce n'est pas là le caractere d'Honnête-homme. L'Homme d'honneur est, pour ainsi dire, tout d'une piece, toute la suite de ses actions s'accorde d'une maniere naturelle aux principes de la probité, & de l'équité. La Raison le tient toujours dans une distance égale des deux extremitez, entre lesquelles on trouve la Vertu.

L'*Honnêteté* a differentes relations aux
diffe-

differens devoirs de l'homme, & je ne comprends pas d'où vient que cette *Honnêteté relative* occupe si peu les réflexions des hommes, qu'à peine on en a une idée distincte. Je ferai mes efforts pour éclaircir ce sujet en apliquant mes remarques à quelques exemples ordinaires dans la vie civile, afin de les mettre de niveau avec la portée des Esprits les moins cultivez.

Les differentes relations, que nous avons avec nos familles, nous imposent certains devoirs ausquels nous sommes absolument obligez de satisfaire; en les négligeant on est aussi mal Honnête-homme, que si on refusoit de payer ses dettes, ou un contract formel. Certains devoirs des Enfans envers leurs peres, & des femmes envers leurs maris, sont changez en quelque sorte en devoirs, qui regardent directement la Divinité. Dieu, qui veut absolument pour le bien de la Societé, qu'il y ait de la subordination parmi les hommes les a obligez par des Loix expresses à s'acquitter de ce qu'il y a de plus important dans ces devoirs. Mais celui qui obéit exactement à ces Loix, sans se mettre en peine de plusieurs autres obligations que l'*Honnêteté* exige de lui à cet égard, n'a pas examiné cette matiere avec assez d'attention, & il raisonne sur de fort mauvais principes.

Un Pere ne raisonne gueres mieux, quand il s'imagine que certaines obligations de sa part ne doivent pas répondre aux devoirs que Dieu & la Nature imposent à sa Femme, & à ses Enfans. Il se trompe encore grossierement, quand il se met dans l'Esprit que tout ce qu'il doit à sa famille se borne aux soins qu'il est obligé d'avoir de la subsistance de ceux qui le touchent de si prés. Il est vrai que s'il le néglige, il est *pire qu'un infidelle*, mais il ne s'ensuit point, qu'il est Honnête-homme s'il ne le néglige pas. Sa Femme & ses Enfans sont ses Créanciers de plus d'une maniere, il faut qu'il s'aquite de toutes ses dettes à leur égard, s'il veut meriter le titre d'homme d'honneur.

Une des plus considerables dettes d'un Pere à l'égard de ses Enfans c'est l'*Education*. Je n'entends pas par là de donner des Précepteurs à ses Enfans, ce qui est la seule chose que la plûpart des Peres sont en état de faire pour l'Education de ceux à qui ils ont donné le jour, & à quoi ils bornent toute l'idée qu'ils ont de l'*Education*. Il s'agit encore de bien choisir ces Précepteurs, d'étudier le genie & le caractere des Enfans, & de leur faire apprendre les Sciences qui sont de niveau avec leurs inclinations, & avec leur tour d'esprit. Tel jeune homme capable de se distinguer dans une certaine profession, ne fera que ramper dans une autre, & c'est faute d'étudier avec attention les caracteres & les penchants de la jeunesse, que notre Isle est si remplie de Savans stupides, & pedantesques qui deshonorent les Sciences, & que l'étude

ne

ne fait que rendre plus méprisables. Ce n'est pas tout encore, que de prendre tous les soins imaginables pour faire instruire ses Enfans comme il faut ; un Pere doit être le Gouverneur en Chef de sa famille, veiller sur les actions de ses Enfans, leur donner de bons préceptes, & donner du poids à ses leçons par son exemple : on a beau payer ce qu'on doit à ses Créanciers, si on ne s'acquitte pas de ces dettes envers sa famille, on est indigne du nom d'*homme d'honneur*.

La plûpart des hommes ont une idée impertinente de la véritable *honnêteté* ; ils ne la considérent que comme une vertu de Négotiants, ou tout au plus, ils la bornent à ce qui est juste & injuste au Tribunal du Juge civil. Ils s'imaginent d'ailleurs, qu'il est fort aisé d'acquerir cette vertu, & qu'il est encore plus facile de la perdre. D'un côté on peut la conserver, avec les crimes de David, quand les fautes sont passageres, & que le fond du cœur continuë à être bon ; d'un autre, on peut se flatter en vain de la posseder, quoiqu'on soit de la derniere exactitude à remplir les devoirs de la vie civile, que nous imposent les Loix positives.

Un homme paye ses dettes avec la plus grande ponctualité, sa parole lui est sacrée, n'est-il pas *Honnête-homme, homme d'honneur*? Si vous le voulez sçavoir, suivez-le dans le sein de sa famille ; si vous voyez qu'il tyrannise sa femme, qu'il a une complaisance

d'Heli

d'Heli pour les vices de ſes Enfans, qu'il néglige de les inſtruire, & de les exhorter, c'eſt un Malhonnête-homme, il néglige également ce qu'il doit à Dieu, & ce qu'il doit à ſa Famille.

Outre l'éducation, la vertu, dont je parle, exige encore d'autres ſoins également importans d'un Pere de famille. Elever ſes Enfans & les laiſſer là, c'eſt reſſembler aux brutes qui abandonnent leurs petits, dès qu'ils ſont en état de chercher leur nourriture eux-mêmes. Il s'agit encore d'introduire nos enfans dans le monde d'une maniere conforme à l'état de nos affaires, & à leurs inclinations. Ce devoir eſt d'une telle importance, que bien ſouvent la fortune non ſeulement, mais encore la bonne conduite des Enfans en ſont entierement dépendantes. Ne pas introduire nos Enfans dans le monde c'eſt les ruiner d'une maniere *negative*; les y introduire ſans diſcernement, ſans avoir égard à leurs inclinations, à leurs talents & à l'état de nos affaires, c'eſt travailler *poſitivement* à les rendre malheureux. Je pourrois entrer dans un grand détail ſur ce ſujet, mais je me contenterai d'indiquer ſeulement quelques inconveniens terribles qui ſuivent la maniere ordinaire d'introduire les jeunes gens dans le monde ſans faire attention à leurs panchans, & à leurs diſpoſitions de corps, & d'eſprit.

Combien ne voit-on pas d'ames guerrieres

condamnées aux soins paisibles du Negoce, dans le temps qu'on gâte un excellent corps de Crocheteur, en masquant d'une robe d'Avocat ou d'un habit Ecclesiastique ses membres massifs & nerveux ?

Combien de jeunes gens grossiers & sans adresse ne voyons-nous pas élevez pour la *Chirurgie*, ou pour la *Musique Instrumentale*, quoiqu'en nous montrant leurs doits épais & mal emboëtez la Nature nous apprenne elle-même qu'elle les avoit destinez, à manier le marteau du Maréchal, la hâche du Charpentier, le fouet du Fiacre, ou la rame du bâtelier ?

C'est au même defaut de discernement, & de prudence que nous sommes redevables de ce grand nombre de jeunes gens, qui entrent dans le Barreau, ou qui montent en Chaire avec des voix rudes & peu sonores, avec une langue embarassée & begayante, dans le temps que nous voyons des corps lourds & engourdis & des jambes tortuës & cagneuses, destinées à faire les membres d'un Sauteur & d'un Maître à danser.

Quoique je puisse me servir d'un grand nombre d'autres exemples, je n'allegue que ceux-ci, parce qu'ils s'offrent le plus frequemment à la reflexion du public. Il n'est pas possible que des personnes si fort déplacées dans le monde, ne maudissent mille & mille fois pendant le cours de leur vie l'injustice de leurs Peres, qui en manquant de payer ce qu'ils devoient à eux & à la Nature, les ont exposez au mépris & à la raillerie des autres hommes.

Entrant un jour dans un Cabaret à Londres je vis une espece de *Negre* assis parmi plusieurs honnêtes-gens, & engagé avec eux dans une conversation assez animée. Je pris une chaise pour lui prêter attention, à l'exemple de toute la compagnie, qui sembloit écouter ses discours avec beaucoup de plaisir. Je trouvai qu'ils n'avoient pas tort, ils les entretenoit sur plusieurs matieres importantes & épineuses avec beaucoup d'esprit, de savoir & de jugement ; l'étude paroissoit faire ses plus grandes délices, & je vis qu'il avoit choisi dans les Sciences, ce qu'il y a de plus noble & de plus utile. Etonné d'une particularité si extraordinaire dans un homme de sa couleur, je pris à la fin la liberté de lui demander, s'il étoit né en Angleterre. *Monsieur*, me répondit-il, avec un air de bonté, & de politesse, mais les larmes aux yeux, *je puis vous assurer, que je suis Anglois, né dans la Grande-Bretagne, je le dois dire à la honte de mon Pere, qui étant né Anglois lui même a eu le cœur de s'unir à une Indienne, quoiqu'il dût être persuadé, que les Enfans qu'il auroit d'elle, maudiroient à jamais la mémoire d'une action si lâche, & qu'ils auroient en horreur le nom de leur Pere, toutes les fois qu'ils y penseroient.* Oüi, oüi, continua-t'il, *je suis Anglois, né d'un légitime mariage*

riage, & je me croirois heureux, si j'étois plûtôt bâtard, & mis au monde par la femme la plus débauchée de l'Europe, par la plus maussade des Servantes, ou par une Gueuse de la rue. Peut être mon Pere en contractant cet indigne mariage a-t-il satisfait à ce qu'il devoit à sa noire maîtresse, mais certainement il n'a pas songé à ce qu'il devoit à ses futurs Enfans. Si je n'avois sur le visage cette maudite teinture de démon, j'aurois pû me pousser dans le Barreau ou parvenir à quelque Dignité Ecclesiastique, mais à present, les études qu'on m'a fait faire, ne sçauroient aboutir qu'à me rendre un sçavant Valet de chambre. Je ne sçaurois m'imaginer pour quelle raison, mon Pere m'a envoyé au Collège. Il a gâté un bon Laquais, en s'efforçant de me donner l'esprit & les sentimens d'un Honnête-homme. Puisqu'il avoit envie d'épouser une Esclave il auroit agi consequemment, en prenant la résolution de ne procréer que des Enfans Esclaves, & de les élever d'une maniere conforme à leur naissance. Mais il a mieux aimé me rendre doublement malheureux ; il m'a donné ce visage terrible, que vous me voyez, & ensuite il m'a donné l'esprit, & les sentiment d'un honnête-homme, qui me rendent mon sort plus sensible.

Ce discours, qui finit par un ruisseau de larmes me parut extrêmement touchant, & je croi, que je ne l'oublierai de ma vie, sur tout parce qu'il fut prononcé par l'homme le le plus judicieux, le plus modeste, & le plus digne d'estime qu'il est possible de rencontrer sous une peau noire.

Je finirai par cette Histoire ce que j'avois à dire sur ce sujet, persuadé que je ne sçaurois y ajouter rien d'aussi pathétique. J'en conclus, qu'une bonne méthode d'élever les enfans & de les introduire dans le monde est une dette réelle, qu'il faut payer absolument, si l'on a la noble ambition d'avoir place parmi les gens d'honneur.

Le même Principe d'Honnêteté nous oblige de nous acquiter de nos devoirs envers une Femme, & envers un Domestique, à proportion que les liens, qui nous attachent à l'une & à l'autre, sont plus ou moins étroits. On peut déduire ces devoirs de la même source, & par la même méthode de raisonner; & par conséquent, il n'est pas nécessaire que j'entre dans aucun détail à cet égard.

CHAPITRE III.

Des vices, qui regnent dans le Commerce civil, & des Irrégularitez ordinaires de la conduite des Hommes.

LE commerce mutuel des hommes est la partie la plus brillante de la vie; c'est un emblême des plaisirs qu'on goûtera dans le Ciel, car les agrémens dont on joüit dans

une

une bonne compagnie représentent véritablement les délices, qui accompagneront la Societé mutuelle des bien-heux. Le *Commerce* bien entendu, & bien dirigé fait cette partie de la vie qui ne distingue pas seulement l'homme de la brute, mais l'homme raisonnable de l'homme insociable & farouche.

Peut être suis-je plus sensible qu'un autre aux douceurs du Commerce mutuel, parce que j'ai senti le chagrin & la mortification d'en être privé ; cependant j'ai lieu de croire que mes malheurs ne m'ont fait sentir que plus fortement la verité, & tous les gens sensez conviennent avec moi, que la *Sociabilité* est un des caracteres distinctifs d'un Etre raisonnable.

Il s'ensuit qu'une des plus grandes benedictions, que la Providence puisse donner à l'homme sur la terre, c'est de lui faire rencontrer des gens de merite, dont l'humeur soit conforme à la sienne. Il s'ensuit encore, que le meilleur caractere d'un homme, excepté la pieté & la probité, c'est d'être sociable, & propre à contribuer aux agrémens de la vie civile.

Quel charme n'est-ce pas de voir le visage de quelqu'un, toûjours orné d'aimables souris ; de remarquer que la bonté de son naturel brille dans tout son air ; que la serenité de son ame est continuellement peinte sur son front deridé, quel delice ! de le voir toûjours dans une humeur égale, agréable à lui-même

me, & aux autres son cerveau est débarassé de chimeres, & son cœur libre d'inquiétudes, communique sa tranquilité aux operations de son esprit. Un tel homme a quelque chose d'angelique dans toute sa physionomie ; il est sans cesse paisible possesseur de lui-même, sa vie est une anticipation sur le bonheur éternel, dont la paix & la tranquillité seront la partie la plus essentielle.

Si un tel homme est accessible au chagrin, ce n'est que lorsque sa Raison n'est pas entierement contente d'elle-même, ou lorsqu'elle compatit aux malheurs d'autrui, les passions violentes & tumultueuses, qu'on peut considerer, comme les orages de l'ame, lui sont entierement inconnuës, ou du moins elles ne sont chez lui qu'une bourasque passagere. C'est le seul homme capable d'observer ce divin precepte de l'Ecriture Sainte, *soyez fâché & ne pechez pas*, & si jamais il s'abandonne à la colere, elle n'est excitée que par les inexactitudes, qu'il remarque dans sa propre conduite.

Voilà ce qui s'appelle véritablement une personne sociable, & propre à faire les délices d'une compagnie de gens sensez ; sa conduite est plûtôt à portée de l'admiration, que de l'imitation. Il y a une espece de vertu à lui porter envie, & à sentir de la mortification, en cherchant en vain en soi-même les aimables qualitez, qu'on trouve dans toute l'enchainure de sa conduite.

Quoi-

Quoique j'aye distingué d'abord le caractere d'un *homme pieux* d'avec celui d'un *homme sociable*, parce qu'on peut considerer une même personne sous ces deux differentes faces, je prie mon Lecteur d'être persuadé, que cet homme heureux, que je viens de dépeindre, est toûjours un homme attaché aux devoirs de la Religion. C'est une erreur grossiere de s'imaginer qu'une ame noircie par le vice, affaissée sous le crime, *balottée* par l'extravagance, peut être susceptible de ce calme, former ses pensées libres, & degagées, répandre sur le visage cette serenité, & soûtenir l'humeur dans cet agrément perpetuel. Il faut de necessité que dans une ame criminelle il y ait des intervalles sombres, & tenebreux ; les orages qui naissent dans la conscience doivent absolument couvrir la Physionomie de nuées obscures, & quand il fait mauvais temps dans l'ame, il n'est pas possible que la serenité soit dans l'air du visage. Les souris d'un tel homme ont quelque chose de contraint, qu'il est facile de découvrir; son naturel peut le porter à la joye, mais les remords de la conscience interrompent souvent cette joye au milieu de sa plus grande vivacité & empêchent son temperament de se donner un libre cours.

Voulez-vous vous convaincre de cette verité par vos propres yeux, asseyez-vous dans une compagnie, auprés d'un homme de mauvaise vie, portez vôtre attention sur toutes ſes actions, & ſur tout ſon air; dans les plus grands emportemens de ſa joye, vous verrez ſouvent que la faculté de ſon Ame de réflechir ſur elle-même, lui arrachera un ſoupir; il chaſſe cette triſte reflexion, par un redoublement de joye, il entonne un air bachique, mais quelquefois cette douleur ſecrette revient à la fin de chaque Couplet. Un chagrin involontaire s'empare de ſon Ame; elle en force l'entrée; il s'en aperçoit, il ſe dépite contre elle, il en détourne ſa penſée avec violence, mais au milieu d'un grand éclat de rire, il eſt encore interrompu par des ſoupirs, dont il n'eſt pas le maître. La choſe eſt réelle, elle ne ſauroit être autrement, & je n'ai jamais de ma vie frequenté un homme vicieux, ſans découvrir évidemment en lui ce *Phenomene*. C'eſt une eſpece de reſpiration d'une Ame, à qui on ne donne pas le temps de ſe laiſſer perſuader par les principes de la Raiſon; ce ſont les ſanglots d'une Vertu, que l'on charge de fers, c'eſt un ſoulevement de l'Eſprit contre la tyrannie des mauvaiſes maximes, dont on lui impoſe le joug. Dans l'homme pieux au contraire, la tranquillité eſt ſuivie & durable, parce qu'elle eſt naturelle. Il eſt toûjours de bonne humeur, parce qu'il eſt toûjours content de lui-même.

La bonne humeur conſtante, & inalterable ne ſçauroit jamais proceder, que d'un fond de vertu, & par conſéquent le proverbe,

be, qui veut que le bonheur consiste, d'une maniere vague, dans le contentement de l'esprit, est aussi mal fondé, qu'il est adopté generalement. Il deviendra vrai & raisonnable, dés que l'on suposera, que ce contentement est fondé sur une baze, dont un bon sens épuré puisse être content ; sans cela on peut dire qu'un habitant des petites maisons est souvent le plus heureux des hommes. Il chante dans sa prison, il danse dans ses chaînes ; la vapeur qui le maîtrise, en fait à son gré un Ministre d'Etat, un Prince, un Roi. C'est de cette sorte de contentement, dont, à ce que l'on dit, joüit autrefois certaine Duchesse qui s'étoit mis dans l'esprit, qu'elle étoit Imperatrice ; ses Laquais étoient armez de Javelots & habillez à l'antique ; elle se faisoit un plaisir de les regarder par une fenêtre, se promener dans cette mascarade, persuadée que c'étoient ses Gardes. On la servoit à genoux, on l'honoroit du titre de *Sa Majesté Imperiale*. Pendant qu'on avoit toutes ses complaisances pour sa chimere favorite, & qu'on l'amusoit par l'image de choses qui n'avoient aucune réalité, elle étoit assez malheureuse, pour être hors d'état de porter ses réflexions sur les véritez, où elle avoit le plus grand interêt. Elle étoit sous la conduite de Tuteurs réellement miserable, & le triste objet de la compassion publique.

Le seul contentement qui puisse porter l'homme à un bonheur digne de l'excellence de sa Nature, doit avoir sa baze dans des Principes de vertu. La satisfaction digne de l'homme est la paix d'une Ame raisonnable. Le dérangement de l'Esprit, & le Vice n'ont rien à démêler avec elle. De quelle paix l'Ame peut-elle joüir, quand elle est dominée par le Crime, qui a pour ses satellites, le Trouble & l'inquiétude. La paix ne sauroit régner dans un cœur, quand les remords lui font la guerre, & que des desirs extravagans & criminels l'attaquent de tous côtez. Comment l'Esprit peut-il être tranquille, quand au delà des plaisirs, qui s'offrent à lui en foule, il découvre une perspective de malheurs qui l'empêchent de joüir du present, par des apprehensions, & par des craintes, qui ne sont que trop bien fondées. Il n'y a pourtant que cette paix de l'Ame, qui puisse embellir la Physionomie de cet air agréable, qui plaît tant dans la Société, & qu'il est impossible de contrefaire.

Douce, Paix de l'Esprit, heureux repos de l'Ame,
Source des vrais plaisirs, seul & parfait bonheur,
Le Mortel vous détruit, tandis qu'il vous reclame,
Et pour vous acquérir, vous bannit de son cœur.

L'Avare vous recherche, & d'un fol espoir ivre
Il vous ensevelit dans les goufres des flots;
Bien loin de vous trouver, aux troubles il se livre
Pour amasser matiere à des troubles nouveaux.

Qu'il creuse affamé d'or ces ténébreux abîmes,

Où le Ciel l'a caché par de sages arrêts,
Il y pourra trouver cet instrument des crimes,
Mais la tranquilité ne s'y trouva jamais.

Non, pâle adorateur de la riche Abondance,
N'attend pas ce thresor de ses prodigues mains;
De sa corne qui verse un ruisseau d'opulence,
Ne vois-tu pas couler des fleuves de chagrins?

Sous le chaume rustique, on trouve la retraite,
Où l'aimable repos se présente à nos yeux.
Mais de Soucis assez une troupe inquiette,
Vole autour du Lambris des Palais orgueilleux.

L'Ambitieux souvent encensé par le crime,
L'Idole ensanglanté du criminel Honneur.
A mesure qu'il monte il se creuse un abîme,
Dont l'efroyable aspect trouble, & glace son
    cœur.

Que le peuple ébloüi d'une aparence vaine
Admire le bonheur de ces fiers Souverains:
Portraits vivans de Dieu, leur amour; ou la
    haine,
Est l'arbitre du sort des timides humains.

Mais rangée autour d'eux leur garde redoutée,
Du peuple calme en vain les flots tumultueux,
Elle n'arrête pas dans leur ame agitée
Des desirs turbulents le flux tumultueux.

L'homme inquiet veut fuïr le trouble qui l'agite,
Et sous un autre Ciel croit trouver le repos.

Mais triste compagnon du Chagrin qu'il évite
Il traîne en tous climats la source de ses maux.

Et toi, qui sur les pas des fiers Heros du Tibre
A ta folle valeur immoles l'équité ;
Et trouvant criminel quiconque ose être libre
Montes de crime en crime à l'immortalité.

Tu mesures ta gloire aux malheurs qu'elle cause,
De l'Univers en feu se leve ton encens ;
Voi croître tes Lauriers, plus ta main les arrose
Des pleurs des malheureux du sang des innocens.

Scelerat admiré, dont les crimes deviennent,
A l'abri du succès, les titres du Héros,
Dans la route sanglante où tes fureurs t'entraînent
Dis, moderne Pyrrhus, cherches-tu le Repos ?

Mais aprens, que toûjours l'insatiable Gloire
Aux plaisirs du triomphe arrache les Guerriers,
Et ne leur fait jamais trouver dans la Victoire
Qu'une route facile à de plus beaux Lauriers.

Mortel infortuné rempant sous la chimere,
Veux-tu servir toûjours, né pour la liberté ?
Ton bon sens du repos est le dépositaire
Et l'arbitre absolu de ta felicité.

D'un bien toûjours futur que l'attente peu sage
Céde au choix d'un bonheur sûr present, accompli
En bornant tes desirs étend ton héritage.
Un desir resserré vaut un desir rempli.

Oüi, va joüir des droits de ton indépendance,
De ta seule Raison esclave bien-heureux,
Dans ta modicité va trouver l'abondance,
Et tire ta grandeur des bornes de tes vœux.

Alors Chrétien sensé, Philosophe intrépide,
Tu peux, calme au milieu des orages du sor,
Saisir de chaque instant l'utilité solide,
Et gouter plusieurs affranchis du remord.

Tu peux, dans cette *Paix*, doux present de la
    Grace,
T'élever au dessus du peuple forcené,
Et n'en point distinguer, sage dans ton audace,
Un Monarque, du Vice esclave couronné.

Felicité pour nous jusqu'ici tenebreuse ;
Bonheur du Ciel couverts par des voiles épais ;
L'Ame dans vôtre sein ne sauroit qu'être heureuse.
Il suffit ; vos plaisirs ont pour baze la *Paix*.

Ceux-là se trompent grossierement, qui s'imaginent, que la Religion, & une Morale severe alterent la bonne humeur, donnent quelque chose de farouche à l'Esprit, & rendent l'homme incapable de contribuer aux douceurs du Commerce. Quelle extravagance ! de se mettre dans l'esprit, que le Vice seul rend quelqu'un propre à briller dans une compagnie ! il vaudroit autant soûtenir, que la joye dépend de la folie, l'agrément de l'impertinence, & la bonne humeur d'un
trans-

transport au cerveau. Pour moi je suis si éloigné de cette bisarre imagination, que je crois fortement, qu'on ne sauroit être véritablement gai sans être vertueux. L'Esprit même est aussi compatible avec les bonnes manieres.

La Morale n'est resserrée dans aucunes limites, qui l'empêchent d'influer sur les plaisirs de la Société. Si elle en bannit les discours vicieux & indécents, elle augmente par là l'agrément de la conversation, bien loin de la diminuer. On remarquera même toûjours, que la joye d'un homme vertueux est de beaucoup superieure à celle d'un homme plongé dans le libertinage, elle est plus naïve, plus aisée, mieux suivie, mieux assortie à l'homme en qualité d'homme, d'homme poli, d'homme sage, & d'homme de bien. Les gens vicieux n'en disconviennent pas même, quand ils sont de sens froid, & accessibles à la réflexion.

Malheureusement la joye qui regne, dans la plûpart des compagnies, n'a pas cet heureux caractere. C'est d'ordinaire le Vice qui donne tout l'agrement à la conversation; Rien ne seroit plus utile que de réformer les hommes à cet égard, mais en même temps rien n'est plus difficile. Je ne laisserai pas de l'essayer selon mes foibles forces, heureux si par là je donne occasion à un génie plus relevé d'entreprendre le même sujet avec plus de succès.

De

De ce qui rend les hommes incapables de contribuer aux agrémens raisonnables de la Société.

AVant que d'entrer en matiere, il ne sera pas hors d'œuvre de dire quelque chose touchant les moyens par lesquels les hommes semblent s'efforcer eux-mêmes de se rendre peu propres à goûter & à faire goûter les plaisirs d'une Société raisonnable. Nous n'en sommes que trop incapables déja par nos foiblesses naturelles, sans nous procurer d'autres désavantages, pour ainsi dire de propos délibéré. La seule intemperance, sans la considérer comme un Vice, est une espece de maladie, qui peut nous ôter l'aimable caractere d'homme sociable. Elle nous rend farouches, chagrins, tristes & sombres; je sçai bien que des gens dévouez à une bonne chere excessive se vantent quelquefois de leur politesse, de leurs belles manieres, de leur gayeté, & de leur belle humeur. Peut-être les éloges, qu'ils se donnent si liberalement, sont-ils fondez, pendant un certain temps; mais suivez-les jusques dans leur vieillesse, vous les verrez difficiles, obstinez, grondeurs, accariâtres. Il est vrai qu'on voit rarement un vieux ivrogne; ce vice a cette bonne qualité, entre bien des mauvaises, qu'il ne souffre pas que ses esclaves incommodent long temps les Honnêtes-gens; mais s'il ar-

rive

rive encore quelquefois qu'on voye un ivrogne âgé, du moins puis-je dire, que je n'ai jamais vû un vieux ivrogne, qui fût de bonne humeur.

C'est une chose étrange, qu'il y ait des gens dans le monde assez extravagans pour s'étudier à se rendre peu sociables. Comment peuvent-ils ignorer, que la *Sociabilité* est le caractere du monde le plus propre à s'attirer l'estime & l'amitié des gens du plus solide merite, & procurer à celui qui le possede la plus grande felicité, dont on puisse joüir sur la terre. Il y a même des personnes, qui se sont fait une idée de merite à part & qui se plaisant dans la singularité de leurs manieres & de leurs sentimens se font un honneur de leur *Misanthropie*, qui n'est qu'un orgueil impertinent & ridicule. Ce n'est être ni Honnête-homme, ni homme Religieux. Pour meriter ces titres il faut suivre le précepte de S. Paul, *être affable, prévenant, humble, & estimer chacun plus excellent que soi-même*. Ce n'est pas la Misanthropie seule qui nous écarte de cette regle si sage. Ce sont encore d'autres branches de la vanité, & de l'amour propre, qui nous en éloignent ; generalement parlant tous les hommes ont la sottise de se preferer à tous les autres, non-seulement quand il y a quelque apparence de verité, mais même quand la superiorité des autres sur nous est évidente, & generalement reconnuë.

L'esti-

L'estime qu'on a pour son propre indivi-du, est d'ordinaire grande à mesure que la base en est petite ; & en général ceux qui ont du merite ont assez de lumieres, pour en connoître les bornes, & pour ne les pas éten-dre excessivement dans leur imagination. Cette vanité outrée est le plus grand incon-venient du *Commerce civil*, elle détruit les agrémens de la Societé, aussi-bien que l'esprit de celui qu'elle domine ; elle l'empêche d'é-clairer son ame, & de profiter des lumieres des autres. Un tel homme bien loin d'être dans la disposition d'apprendre, se croit faire exprés pour endoctriner les autres.

Aussi remarque-t-on d'ordinaire la vanité la plus excessive dans les plus grands fous ; l'impertinente estime qu'ils font de leur ha-bileté les confirme dans leur folie, & les em-pêche d'en sortir jamais. Etre convaincu de sa sottise, ou de son ignorance, c'est cesser d'être sot & ignorant.

Peut-être me dira-t-on, que l'extravagan-ce & la vanité peuvent être un grand obsta-cle aux agrémens du Commerce, & le ren-dre inutile à ceux qui en sont possedez, com-me elles le rendent choquant, & désagreable à ceux qui ont affaire avec ces fous orgueil-leux, mais qu'elles ne font rien au sujet que je me suis proposé, sçavoir *à ce qu'il y a de vi-cieux dans la conversation*.

Je conviens avec ceux qui pourroient me faire cette objection, que quelquefois la folie

lie & la vanité peuvent proceder d'une foiblesse d'esprit naturelle, & par conséquent être moins des dispositions criminelles que des dispositions malheureuses. Mais s'ils sont capables de faire quelques réflexions, ils voudront bien aussi m'avoüer que bien souvent ces défauts ont leur source plûtôt dans le cœur que dans l'esprit, & qu'il est trés-possible, qu'ils dérivent du vice ou de la négligence. Les fous de cette derniere Classe ne le seroient pas, s'ils vouloient bien se donner la peine de prêter quelque attention à leurs idées, & à leurs sentimens, & ils peuvent être arrêtez sur le bord du précipice par de bonnes exhortations.

C'est quelquefois faute d'une attention legere, & trés-pratiquable par les esprits les plus foibles mêmes que certains fous bouffis de vanité, vont dans leurs actions bien plus loin, que leur foiblesse d'esprit ne devroit les mener naturellement. Pour le faire sentir je raporterai ici une querelle aussi sotte que furieuse, & irreconciliable, que j'ai vû arriver entre deux fous orgueilleux ; elle venoit de ce que l'un des deux avoit traité l'autre de *fou*, quoique malheureusement il meritât lui-même ce titre dans toute son étendüe. Ils dégainerent sur le champ, mais étant séparez par leurs amis communs, ils se donnerent rendez-vous, pour se battre en duel ; mais on en fut averti, & il ne leur fût pas possible pendant long-temps d'executer leur im-
perti-

pertinent dessein. Enfin ayant trompé la vigilance des surveillants, ils se batirent de nouveau, & ils furent blessez tous deux ; l'un en mourut & l'autre fut obligé de s'enfuïr de sa patrie sans espoir d'y retourner jamais. Le premier avant que de mourir avoüa naturellement, qu'il étoit *fou*, ce qui diminuoit en quelque sorte sa folie ; mais il disoit qu'il ne lui avoit pas été possible de supporter d'être traité de *fou*, par un homme qui étoit infiniment plus fou que lui. Pour l'autre, il avoit une grande opinion de sa propre capacité, & un profond mépris pour la sottise de son ennemi ; vanité qui l'abbaissoit réellement au-dessous du caractere de l'autre Champion ; c'est la seule chose, qui m'empêche de dire qu'ils se querellerent absolument pour rien, le sujet de leur querelle étant une dispute sur la superiorité du merite.

J'aurois ici un vaste champ pour m'étendre sur la Folie, de ranger les fous en differentes classes, & pour dépeindre la beauté variée, que toutes ces nuances de déreglement d'esprit doivent répandre dans leur commerce & dans leur conversation. Outre le *fou* de *Salomon*, qui est le *fou vicieux & Criminel*, j'ai trouvé trente sept autres especes de Folie, chacune dans sa sorte admirablement bien qualifiée, pour priver la Société de tout agrément, & pour la rendre ennuyeuse, choquante, & ridicule. J'y ai ajoûté differens échantillons de leurs discours ; j'ai dépeint leurs fades repetitions, leurs quolibets, leurs mots à double entente, qu'ils tendent comme des pieges aux gens sensez, sans risquer que trés-rarement, de manquer leur coup; j'ai décrit leur maniere de rire, les gestes, les grimaces, & les contorsions, dont ils font usage pour s'attirer le titre de *drolles de Corps, propres à divertir toute une compagnie*. Afin de ne pas choquer mes Compatriotes, pour lesquels j'ai toutes sortes de respect, j'ai partagé tous ces caracteres d'extravagance, entre les Nations étrangeres, & j'ai dépeint le *fou François*, *le fou Espagnol*, *Portugais*, *Russien*, *Chinois*, *Indien*, &c. Mais j'ai résolu de renfermer tous ces materiaux dans un Traité à part; & je le donnerai au Public dans une autre occasion. Le sujet que j'ai entrepris de traiter à present est trop grave, & trop serieux, pour *l'inonder* de tous ces caracteres extravagants.

Par la *conversation* dont il seroit utile de bannir plusieurs vices, je n'entends pas ici un certain vain babil dont les fous sont infiniment plus capables que les gens sensez. J'entends une conversation, qui répond à la dignité de nôtre Nature, & qui dirigée par la Vertu, & par la Politesse, est propre à faire joüir l'homme de la felicité la plus parfaite qui puisse lui tomber en partage dans cette vie. Plus cette sorte de conversation est excellente en elle-même, plus les vices, qui s'y sont glissez imperceptiblement, meritent d'être d'être mis dans tout leur jour, & exposez à la reflexion, & au mépris de ceux qui aiment la Vertu, & leur propre bonheur.

Des Vices de la Conversation en général.

JE m'attends ici à une objection de la part de certains Critiques, qui se font un plaisir de traverser par leurs chicanes, ceux qui plaident pour la Vertu, & pour les bonnes manieres. Ils me soutiendront sans doute, que le *Vice* suppose *l'action*, & que par conséquent ce terme n'est pas applicable au *discours*. Pour leur fermer la bouche, il sera bon, avant que de passer outre, de définir ce que j'entends par *Conversation vitieuse*. C'est une Conversation contraire aux bonnes mœurs, une Conversation indigne d'un homme vertueux, & raisonnable; ou parce qu'elle est profane, & contraire à la Religion, ou parce qu'elle choque la modestie, ou enfin parce qu'elle s'éloigne de la charité, en donnant dans la médisance, & dans la calomnie.

A tous ces differens égards, *parler est agir*: la *profanation* est une *action impie*, *l'obscénité* du discours est une *action immodeste*. La force des paroles est telle que l'homme fait autant de crimes de la langue, que des mains; d'ailleurs les idées qui entrent dans nôtre esprit par l'oreille, sont sujettes à rester long-temps dans l'imagination, où elles font les impressions les plus profondes.

Quelques-uns des crimes les plus odieux, ne sauroient être commis que par la langue; tel est le blasphême, qui est un crime de haute trahison contre la Majesté Divine; telles sont les imprécations, les maledictions, les mensonges & les calomnies, sans parler d'un nombre infini de petites irrégularitez, que la mode autorise, & qui selon l'opinion ordinaire ne valent pas la peine d'être relevées.

Graces à Dieu, aprés des siécles entiers d'une corruption aussi generale, qu'avouée par ceux qui auroient dû reprimer le Vice, nous voyons dans la Grande Bretagne, le Crime privé de ses plus fermes soutiens. Nôtre Monarque* ne néglige rien, pour en détourner ses Sujets, & il faut esperer qu'a present, que la guerre est finie, & que ses ennemis du dehors lui donnent quelque repos, il fera tous ses efforts pour abatre, & pour détruire entierement cet ennemi domestique.

La Reine *Marie*, dont la mémoire nous doit être toûjours précieuse pour sa pieté, & pour les modelles de vertu, qu'elle nous a tracez dans toute sa conduite, a fait pendant sa vie les plus grands efforts, pour défendre & pour soutenir les bonnes mœurs. Elle a encouragé les Magistrats à punir le Vice avec severité; elle les a armez de nouvelles Loix, & il a semblé que la Justice même étoit descenduë sur la terre, pour revendi-

---

* *Le Roi Guillaume.*

vendiquer ses propres droits. Cependant les effets salutaires que ces efforts vertueux ont produits, ont été renfermez dans des bornes assez étroites. Ce n'est pas la faute du Souverain ni du Parlement ; les Loix & les Edits ne sont pas capables d'effectuer une réforme génerale, si une benigne influence du Ciel ne se répand pas sur les mœurs de certaines personnes, qui par leur rang sont placez hors de la portée des Loix. Ce seroit d'ailleurs quelque chose d'assez inutile de publier des Edits contre les paroles, autant vaudroit-il établir un asile contre la foudre. Les brêches qu'on feroit à ces reglemens, seroient si nombreuses, qu'il faudroit autant de Juges que de criminels. Il y auroit autant de transgresseurs de ces Loix, que des Sujets, & plusieurs personnes seroient obligées de passer tous les instans de leur vie devant le Tribunal des Juges.

La conversation en général a reçû une certaine teinture de vice, qui est degenerée en agrément, & qui ne sçauroit être effacée, que par une espéce de mode, qui par une heureuse cascade descendit des premiers du Royaume jusqu'au peuple. La force n'y fera jamais rien. Quand une indispensation devient agréable au malade, il est bien difficile de le guérir ; il a de l'aversion pour le remede, par cela même que la maladie lui plaît. Je le repete, il n'y a qu'une mode contraire, qui puisse détruire le charme attaché

attaché à la mode d'être vicieux. La mode est jusqu'ici la source de la plûpart des crimes, par le pouvoir despotique, qu'elle usurpe sur les esprits. Veut-elle qu'on donne dans la débauche ; vous voyez aussi-tôt des gens, qui n'y sont pas portez par leur naturel, renoncer à la pudeur, & risquer la santé de leurs corps & le salut de leurs ames, simplement pour avoir de belles manieres, & pour s'attirer le tître de *Joli homme*. Si les Petits-maîtres de la Cour se font un plaisir du Blaspheme & de la profanation, tout le reste suit aussi-tôt le torrent. Il faut renier son Createur, & faire profession ouverte d'Atheïsme pour avoir de l'*esprit* & du *monde*. Les Marchands & les Artisans eux-mêmes, pour paroître éclairez & polis dans les Compagnies, exercent leur bel esprit sur les choses sacrées, ils s'occupent à sonder les profondeurs des mysteres, & cherchent à penetrer dans les secrets impénétrables du Ciel. *La Divinité de* Jesus-Christ, *la Trinité, la durée éternelle d'une vie avenir*, sont les sujets ordinaires de leurs discussions ; ils veulent qu'on leur donne des *démonstrations* de choses qui par leur nature même n'en sont pas susceptibles, & ils se croyent les plus habiles gens du monde, quand il voyent, qu'il est impossible de satisfaire à leurs demandes extravagantes.

De cette source se répandent en foule les Hérésies & les Opinions les plus bisarres. En voulant

voulant découvrir ce qui par soi-même est impénétrable, on se jette dans le doute ; on va même jusqu'à refuser la réalité à certaines choses, parce qu'on n'en a point d'idée, & parce qu'on ne sçauroit comprendre la maniere dont ces choses existent. Folie semblable à celle d'un homme qui a la vûë courte, & qui nie l'existence de tous les objets, où ses yeux ne sauroient ateindre. La *Trinité* hors de la portée de leur Raison, & cette fiere Raison s'en venge en niant ce Dogme ; ils dépoüillent le Fils de Dieu de sa *Divinité*, & de son *union hypostatique* avec le Pere, parce qu'il leur est impossible de distinguer les actions qu'il a faites en sa qualité de Médiateur, d'avec celles, qu'il a faites en vertu de sa toute-puissance Divine.

J'ose regarder toutes ces opinions erronées, qui se multiplient si fort dans nôtre âge & dans nôtre Patrie, comme une punition Divine, que nos Compatriotes s'attirent par leur insolence effrénée de *profaner*, simplement par l'abominable motif de passer pour gens d'esprit. Dieu permet qu'à force d'avancer des opinions impies, qu'ils ne croyent pas, & à force de les défendre avec chaleur, ils commencent à s'en persuader, comme certains menteurs, qui répetent si souvent leurs mensonges, qu'à la fin, leur Imagination est incapable de les distinguer de la Verité.

Si la Fatuité de nos Petits-maîtres, se bornoit au ridicule de l'ajustement & du geste,
un

un homme sage se contenteroit d'en rire, ou d'en avoir pitié ; mais il est temps de ramasser toutes les forces de l'esprit & de la Raison, pour la combattre & pour la terrasser, quand on voit que pour complaire à la mode, des Libertins font les derniers efforts d'imaginations, pour se rendre criminels au suprême degré par méthode & par Systéme ; quand on voit tous les talens naturels de l'esprit, tous les talens acquis par l'éducation, & tous les secours qu'on peut tirer de l'art, & de l'Etude même, rangez en bataille contre le Ciel ; & faire une ligue, pour rendre le Genre humain plus méchant & plus détestable, que le Démon lui-même n'eût jamais l'impudence de le souhaiter.

J'ai eu quelque pensée de laisser à la postérité une Généalogie affreuse de ce *Vice excessif*, qui dans nôtre siécle insulte aux bonnes mœurs avec tant d'arrogance. Pour le Vice poussé à un certain degré, il est de si ancienne race dans nôtre Isle, qu'il seroit difficile d'en trouver le Pére ; mais il n'en est pas ainsi de cet *excez de Vice*, dont l'origine n'est pas fort éloignée de la portée de nôtre mémoire. C'est pour ainsi dire l'enfant adoptif du dernier siécle, & l'on en pourroit peindre l'arbre généalogique en migniature. Pour sçavoir au juste jusqu'à quelle étenduë il a porté ses malignes influences, il faut l'avoir suivi dans les différentes Classes d'hommes depuis le Courtisan jusqu'au Laboureur ;

boureur; il faut en avoir confideré les triftes effets combinez avec toutes fortes de rangs, dont il a foüillé & les principes, & la conduite. Quoique je me croye en état d'entreprendre cet Ouvrage, je ne fçaurois m'y réfoudre; ce deffein m'obligeroit à tracer des caracteres, & à faire des fatires fur l'âge paffé, & fur l'âge prefent, ce qui ne s'accorderoit ni avec mon naturel, ni avec le but de cet Ouvrage; je ne veux pas même me livrer à certaines réflexions hardies, qui fortent du fein de mon fujet; j'aime mieux inftruire mes contemporains, que de leur faire des reproches.

S. *Auguftin* obferve dans fon Livre de *la Cité de Dieu*, que les Anciens prétendoient donner une efpece de *faufconduit* aux excez qu'autorifoit la mode de leur fiécle, par l'exemple des Dieux. Les inceftes de Jupiter, les adulteres de Venus, & l'impudicité de Mars verniffoient ces fortes de crimes, & les Peuples fe juftifioient fans peine au Tribunal de leur propre raifon, des crimes, dont étoient pleines les Hiftoires des Divinitez qu'ils honoroient de leur culte, & de leurs hommages. Le moyen de s'imaginer qu'on étoit coupable, en imitant la conduite de ceux, qu'on avoit placez dans le Ciel, & dont on avoit fait les objets de fon adoration!

Dans les tems plus modernes l'exemple des Princes a eu les mêmes influences fur l'esprit des Sujets ; mais quoique ce soit là un vaste champ pour la Satyre, j'aime mieux donner un autre tour à cette matière & en tirer des exhortations, ausquelles les Roys & les Peuples à venir feront bien de prêter attention. J'espere du moins que je ne les offense pas, en supposant, qu'ils voudront bien ne les pas négliger.

Que les Rois futurs se mettent fortement dans l'esprit, que l'autorité dont la Providence les a revêtus, leur met en main les moyens, les plus glorieux d'honorer leur Créateur, de rendre heureux leurs Sujets, & d'immortaliser leur nom, en animant la Vertu, & en décourageant le Vice par leurs exemples. Ce n'est pas tout ; ils sont les maîtres de soutenir ces modelles par la force des Loix, par lesquelles ils peuvent bannir de la conversation de la Cour, les discours vicieux, & rendre le crime aussi contraire à la mode, qu'au bons sens. Pourquoi l'exemple des Princes futurs ne pourroit-il pas être aussi efficace pour reformer les Sujets que l'exemple de quelques Souverains défunts l'a été pour corrompre toute la Nation. Voilà tout ce que je dirai par raport aux Rois, dont il faut toûjours respecter l'auguste caractere. Si la liberté que je prens les choque, je ne les exhorte point, je prie seulement le Ciel qu'il les rende attentifs aux veritables interests de leur Gloire.

Je croi pouvoir agir plus cavalierement
avec

avec les futures generations de ce Peuple; je leur conseille de ne point jetter les yeux sur quelques Regnes passez. Il leur doit suffire, que du moins le regne present ne donne aucun lieu à cette *teinture de Vice* qui s'est répanduë généralement sur la conversation. S'il en est de même de nos Monarques futurs, & s'ils imitent celui qui nous gouverne, à ne point autoriser le Vice ni par les préceptes ni par l'exemple, je ne vois pas quel motif détermineroit leurs Sujets à s'enroller comme volontaires au service du Démon, & à ne tirer que de leurs propres cœurs, les modelles de leurs crimes.

Des moyens de reformer la Conversation.

IL n'importe gueres dans le fond d'examiner avec une exactitude bien scrupuleuse, les sources d'où la corruption s'est répandue sur les discours des hommes. Il est infiniment plus important de rechercher avec soin les moyens de les débarasser de tous les défauts, qui l'avilissent. Du moins seroit-il à souhaiter, qu'on trouvât une méthode sûre pour remettre la Nation dans un certain degré de bonnes manieres, & pour rendre assez d'autorité à la Vertu & à la Temperance, pour qu'on n'eût plus le front de les outrager par des discours insolens.

Cette entreprise est d'une très-grande difficulté.

Facilis descensus Averni,
Sed revocare gradum superasque evadere ad auras,
Hoc opus, hic labor est. VIRG. Æn. VI. 126.

L'Accès à l'Empire des Ombres
Est facile à chacun,
Mais on ne revient pas de ces demeures sombres
Par un effort commun.

Il seroit bien plus facile de trouver une telle méthode, que de la mettre en pratique, mais on ne peut pas dire cependant que la chose soit absolument impossible, & malgré la connoissance, que j'ai des bornes de mes lumieres, je veux bien poser ici quelques regles, qui pourroient rendre cette reforme praticable.

Cet heureux succès dépend en partie d'une execution severe des Loix ; nous avons des Loix excellentes pour reprimer le Vice, & nous en faisons encore tous les jours de très-propres à nous mener au même but ; mais toute la force des Loix consiste dans l'execution, sans laquelle elles perdent toute leur vigueur, & non seulement elles deviennent inutiles, & méprisables, mais elles font plus de mal que de bien.

J'avois d'abord dessein d'inserer ici un Traité intitulé, *Essai sur l'inutilité des Loix, & des Actes du Parlement de la Grande Bretagne*; mais ayant consideré la chose plus mûrement j'y ai renoncé pour ne pas mêler des traits satyriques aux réflexions sérieuses, dont
j'ai

j'ai résolu de remplir cet Ouvrage. Je me contenterai de dire ici que la grande defectuosité de nos Loix consiste dans le manque de Loix propres à reformer nos Legislateurs mêmes. Par-là, la rouë de la *Justice executive* seroit entretenuë dans son mouvement, & les Edits parviendroient au but où naturellement ils doivent tendre.

Le succez en question dépend encore très-essentiellement de la conduite des gens de famille, que le peuple prend d'ordinaire pour les modeles de leurs actions, & de leurs manieres. Je sçai bien qu'il est beaucoup plus mal-aisé de porter la multitude à l'imitation du mal qu'à celle du bien; mais je croi pourtant qu'il n'est pas impossible de relever les charmes naturels de la Vertu par les agrémens empruntez de la mode, & que ce seroit faire un grand pas vers la reforme générale de la Nation, que de porter ceux qu'on nomme d'ordinaire Honnêtes-gens à conspirer unanimement pour priver le Vice de l'appui de l'exemple.

Si l'on pouvoit parvenir à ces deux points, bien-tôt la Honte s'attacheroit de nouveau au Vice qui est son *Sujet naturel*; un homme qui voudroit donner dans l'Ivresse, ou dans l'Impudicité le feroit pendant l'obscurité, semblable aux voleurs qui attendent la nuit pour piller les maisons. S'il arrivoit à quelqu'un d'avoir trop bu, ou d'avoir fait des imprécations dans un excès d'emportement, il iroit lui-même payer l'amende au Commissaire du quartier, de peur que son crime n'éclatât, & ne lui attirât une punition plus rude, & une honte plus éclatante.

Pour avancer ce grand ouvrage, il seroit extremement necessaire de tracer un portrait vif & ressemblant du *Vice moderne*, & de répandre une lumiere affreuse sur sa veritable laideur, afin de faire sentir aux hommes l'extravagance outrée de leurs actions, & les desagrémens réels de cette *Maîtresse* à qui ils font la Cour avec tant d'assiduité, trompez par le fard imposteur, dont la mode a trouvé l'art de la déguiser.

Il est impossible d'arracher l'Homme à la tyrannie de la mode, si on ne lui fait comprendre la veritable nature du Vice, qui sous le masque dont la coûtume, & la plus forte prévention le couvrent, a tant de charmes pour lui. Si l'on peut déraciner une fois l'amour du Vice, du cœur humain, la réforme vaudra autant que faite, & comment seroit-il possible, qu'on continuât à l'aimer, si on l'examinoit de près, & si l'on en faisoit l'anathomie, pour penetrer jusques dans ses entrailles ? On verroit bien-tôt jusqu'à quel point le Vice est peu convenable à l'Homme, en qualité d'Homme, d'Honnête-homme, & de Chrétien. On verroit jusqu'à quel point le crime est méprisable, dans le temps même qu'il nous fait jouïr de ses plaisirs les plus sensibles ; combien il est pernicieux

nicieux pour nôtre santé, pour nôtre fortune & pour nôtre réputation ; & combien il est propre à nous confondre avec les brutes, sur lesquelles nous prétendons avoir de si grands avantages.

Comme la plûpart des personnes à qui je parle ici sont des gens qui n'admettent point la Religion, ou du moins qui en doutent, je ne tirerai, contr'eux, aucune preuve de l'Ecriture Sainte, ni des effets les plus marquez de la Providence. D'ailleurs, je ne me donne pas pour Théologien, & par-là j'ai du moins cet avantage, que ceux que j'attaque ici, ne m'accuseront ni de pedanterie, ni de *fraudes pieuses*, & que je ne cours pas le moindre risque de choquer la mode, & les belles manieres, qui ne veulent avoir rien à démêler avec la Bible. Je prendrai la chose d'un autre biais, & je prierai mes Lecteurs de considerer que quand il n'y auroit ni Dieu, ni Providence, ni Demon, ni Vie avenir, il leur sieroit mal de se livrer à l'Ivrognerie, à la Débauche, à l'emportement, & à l'Esprit de vengeance. Ces Vices sont si peu compatibles avec nôtre Nature, si irréguliers, si turbulents ; on y découvre tant de Grossiereté, de Folie, & de Fatuité, qu'ils doivent exciter le mépris & le dégoût dans l'Esprit de tout homme sensé, pourvû que la mode lui permette d'en juger d'une maniere impartiale.

La Vertu & les bonnes mœurs sympathisent mieux avec nôtre Nature, & ont quelque chose de plus mâle & de plus noble, que le Vice, & l'Intemperance ; elles répondent infiniment mieux aux veritables fins de la Vie humaine, & de la Societé, comme aussi de la Paix des familles, & des Nations entieres. S'il ne s'agissoit que de faire un choix par les simples vûës de l'interêt & de l'amour propre, il faudroit préferer le chemin uni de la Vertu, aux routes tortueuses, & embarrassées du Vice. Le Vice tend à la confusion, à l'oppression, à la discorde, à la guerre. La Vertu est discrete, reglée, & paisible ; c'est le lien le plus sûr de la Societé ; au lieu que tout homme a tout à craindre si ses semblables n'ont ni temperance, ni retenuë. Il doit s'attendre à tout moment à être volé par le Brigand, massacré par l'Ivrogne, & à voir sa femme & ses filles la proye des débauchez.

Je pourrois faire ici une digression assez utile, pour examiner, si l'Impudicité & l'Ivrognerie ne sont pas, pour ainsi dire, les deux *Irregularitez Meres*, de tous nos Vices à la mode. Je ne mets pas au nombre de ces Vices le Vol, le Rapt, & le Meurtre ; il est vrai qu'ils sont fort en vogue, mais nos jolies-gens s'en abstiennent par la crainte des Loix, persuadez qu'ils peuvent se rendre hardiment coupables de l'Ivrognerie, & de l'Adultere, & qu'il y auroit une cruauté énorme à faire pendre un homme me pour ces sortes de bagatelles.

Ces excès criminels descendent avec rapidité de la conduite des Grands, dans celle du Peuple, & les simples Gentils-hommes ne doivent pas s'imaginer que je les ai exclus de ma censure, en mettant les débauches de la populace sur le compte *nos Dieux*. Les Payens avoient des Dieux de differentes classes, & nos Gentils-hommes peuvent fort bien passer pour des Divinitez subalternes; ce sont des Silenes, & des Faunes, Dieux campagnards, qui ne négligent rien, pour communiquer leurs Vices aux Bergers, & aux Laboureurs, qui leur adressent leurs hommages.

Il me seroit fort aisé de faire une Satyre très-étenduë de leurs desordres, qui fortifient & confirment dans le Vice ceux qui relevent de leur pouvoir. Je pourrois dépeindre ces Magistrats qui se laissent échaper des mains les rênes de leur autorité, qui connivent aux irrégularitez les plus pernicieuses, & qui ont honte de punir dans les autres, certaines actions, parce qu'ils n'ont pas honte de les commettre eux-mêmes. Je pourrois tracer un portrait affreux de la fureur avec laquelle nos Seigneurs de Village assemblent leurs Fermiers & leurs voisins à toute occasion, dans le dessein formel de les enivrer. Je pourrois faire sentir l'infamie de ce mépris aussi affreux que ridicule, qu'on a dans la Ville & à la campagne pour un
homme,

homme, qui refuſe de ſe vautrer dans l'ivreſſe, ou qui n'a pas la force de ſupporter une grande quantité de vin. Je pourrois mettre dans tout ſon jour, cette joye impertinente, qui s'évapore en chanſons faites exprès, pour faire l'éloge de l'Ivrognerie, & de la débauche; mais je l'ai dit, je veux éviter le ſtile Satyrique, j'ai deſſein de corriger mes Compatriotes, & non pas d'invectiver contre eux. Je traiterai cette ſale matiere avec toute la douceur poſſible; & je vai mettre ſous differens chefs, les Vices qui ſe ſont gliſſez dans la converſation, & que la mode autoriſe.

De la Converſation avilie par l'Atheïſme, & par la Profanation.

DE toutes les générations, qui ont couvert la face de la terre depuis le commencement du Monde, il n'y en a point, qui merite le courroux du Ciel à l'égal de celle qui exiſte à preſent.

Jamais les hommes ne ſont arrivez à un auſſi haut degré de juſteſſe d'eſprit, & de lumieres, & par conſequent, jamais ils n'ont été auſſi capables de glorifier leur Créateur, ſource de la ſageſſe, qui eſt certainement la plus grande Bénédiction dont il puiſſe favoriſer l'Etre qu'il a créé à ſon image. Quelle horreur n'eſt-ce donc pas de ne le ſervir de cette ſuperiorité de ſageſſe,

que

que pour insulter la Divinité, & pour ménager quelque probabilité à l'opinion qui lui refuse l'existence! Quel crime que de n'employer ce haut degré de lumieres, sinon pour autoriser la plus noire de toutes les ingratitudes, & pour surpasser les extravagances les plus signalées des aveugles Payens! Les Philosophes les plus fameux d'entr'eux, ont du moins reconnu une premiere cause, dont le pouvoir influoit sur l'Univers, & dont la sainteté devoit s'attirer l'hommage & l'adoration des hommes. Le Diable même, le plus grand ennemi de Dieu, & qui souvent s'est servi de la stupidité de certaines Nations, pour s'ériger lui-même en Divinité, n'a jamais soufflé aux Peuples les plus barbares, l'horrible extravagance de nier l'existence de leur Créateur. Il y a de l'apparence qu'il a eu trop bonne opinion de l'Esprit humain, pour le croire accessible à une Notion si absurde, & si bisarre. Il en est assez mal payé, puisque nos Esprits forts irritez, pour ainsi dire, du refus qu'il fait de conspirer avec eux, pour nier l'existence Divine, nient encore l'existence de cet ennemi du Genre humain.

Rien n'est plus digne de remarque que les foibles argumens, dont les plus rafinez d'entre les Athées défendent l'impertinence de leurs idées contre les démonstrations, sur lesquelles la Nature & la Raison fondent l'existence d'un premier Auteur de toutes choses;

choses ; quelle torture ne donnent-ils pas à leur pauvre Raison, pour se persuader à eux-mêmes une opinion, à laquelle leur Corps, leur Ame, chaque respiration, les raisonnemens mêmes, dont ils se servent, donnent continuellement le démenti ? Sur d'autres sujets, ils raisonnent avec methode, ils ne veulent admettre qu'une évidence entiere, & ne se rendre qu'aux raisons les plus fortes ; ici ils se contentent des plus miserables Sophismes, des suppositions les plus trompeuses, & des plus méprisables échapatoires ; tout leur est bon, pourvû qu'ils puissent parvenir à s'éblouïr d'une fausse lueur, & à duper leur propre Raison. Leur foiblesse d'Esprit n'est pas moins ridicule que la stupidité, par laquelle les Payens ont debité que l'Homme devoit son existence à Promethée.

De terre, Promethée, à ce que dit la fable,
Sut façonner de l'Homme un modelle admirable.
    Pour animer l'Ouvrage ingenieux,
Du Soleil prolifique il déroba les feux :
A ce conte imparfait devoit être ajoûtée
La cause, qui forma la Terre, & Promethée,
Qui doüa le Soleil des attributs divers,
Dont la force benigne anime l'Univers.

    C'est par une stupidité pareille, que des gens admettent le Systême d'*Epicure* qui fait sortir le Monde d'un concours fortuit d'atomes, d'atomes, sans songer seulement que de necessité ces petites particules doivent avoir reçû de quelque Puissance superieure, l'être, & le mouvement.

Les argumens, qui plaident pour l'existence d'une Divinité, sont en si grand nombre, si bien mis dans tout leur jour par d'habiles gens, & portez jusqu'à un tel degré d'évidence, qu'il n'est pas necessaire de les alleguer ici, puisqu'il n'est pas possible d'y ajoûter une nouvelle force. On n'a qu'à fouiller dans soi-même, pour trouver les démonstrations les plus incontestables de cette Verité. Je veux seulement faire quelques demandes à nos Athées.

1. Qu'ils me disent avec sincerité, s'ils en sont capables, s'il ne leur arrive jamais dans la chaleur même de la dispute, de porter leurs réflexions sur leur propre Nature, & de démentir en secret les Sophismes, qu'ils alleguent d'un air triomphant. Je sai du moins que le Comte de *Rochester*, un des plus fameux Docteurs de cette Science infernale, reconnut dans son lit de mort, que ces sortes de secrets lui avoient été très-familiers, & qu'une espece de mouvement convulsif avoit souvent accompagné, chez lui, l'action horrible d'attaquer la Majesté divine.

La Nature en tremblant rend au Ciel ses hommages

Il a d'un seau divin marqué tous ses Ouvrages,
A l'effacer l'Impie est souvent empressé,
Mais son cœur en fremit, & l'appelle *Insensé*.

2. Je voudrois demander à l'Athée le plus intrepide & le plus insolent, quelle certitude il a de sa proposition négative, & s'il ignore les risques qu'il court, si par sa faute il se trompe sur un sujet si important; Il suffit d'une étenduë d'Esprit médiocre pour comprendre, que supposé qu'il nous fût difficile de prouver par des demonstrations formelles, la proposition positive, *il y a un Dieu*, il doit être infiniment plus difficile d'apuyer la proposition négative sur des preuves démonstratives. Est-il d'un homme prudent de risquer tout sur des suppositions incertaines destituées de tout principe incontestable ? S'il y a une Cause premiere, il n'est pas naturel, qu'elle accorde facilement le pardon, à des gens qui se sont fait une occupation de l'insulter, en niant sont existence, & en communiquant leur incredulité aux autres, sans y être portez par aucun motif plausible.

Ils seroient encore en quelque sorte excusables, si dans leur malheureuse situation, ils s'étoient conduits en personnes sages & raisonnables, & si mortifiez d'un doute involontaire su run sujet si grave & si respectable, ils avoient pris le parti de la Vertu, par simple prudence. Mais agissant à l'é-
gard

gard de doute, comme si c'étoit la plus forte des demonstrations, ils font les agréables, & les beaux Esprits sur cette matiere ; c'est la source intarissable de leurs saillies, & de leurs bons-mots, ils tournent en ridicule tous les articles de la Foi, comme manifestement atteints & convaincus de fausseté, & ils ont la hardiesse d'attaquer la Bible par des chansons Satyriques ; tel est par exemple ce digne couplet de Mylord *Rochester*.

Religion, fatras risible, & respectable,
 Enfant bien aimé de la Fable,
 Que vous naquites à propos !
Nous vous devons nos plus chers avantages,
Vous êtes dans la main & des Grands, & des sages,
Un frein propre à brider la Canaille, & les sots.

Ce qu'il y a de particulier dans la conduite de ces Messieurs, c'est qu'il leur est impossible de lancer le moindre trait sur la Religion, sans qu'il retombe sur eux, & que tout l'Esprit qu'ils prodiguent à cet égard ne fait que prouver qu'ils n'ont pas le sens commun. Si effectivement la Religion est un effet de la politique, si elle ne sert qu'à attacher la sotte populace au bon sens des Sages, n'est-il pas impertinent d'aller découvrir aux dupes une fourberie si utile aux Esprits forts ? N'est-ce pas démentir grossierement la prudence des prétendus Sages

ges de l'antiquité qui ont été assez heureux pour attraper dans un même coup de filet tout le Genre-humain? Nos sages Modernes ne péchent-ils pas contre leur propre interêt, qui doit être l'unique régle de leurs actions, & ne se privent-ils pas de tous ces précieux avantages, dont ils croyent être redevables aux premiers inventeurs des Systemes de Religion?

Tout le procedé de ces beaux Esprits n'est qu'une suite continuelle de *coups d'Etourdi*. Il faut s'étonner sur tout de leur stupide intrépidité. S'il y a un Dieu assez juste & assez puissant pour récompenser la Vertu, & pour punir ceux qui l'outragent avec la derniere arrogance, on peut dire qu'ils jouënt gros jeu, en s'exposant à une éternité de malheurs, par le simple plaisir de dire un bon mot. Si ce bon mot est fondé en raison, ils n'y gagnent pas grand chose, & si ce n'est qu'une turlupinade en l'air, ils perdent tout.

Je ne sai pas si je me trompe, mais il me semble que dans les vers infames qu'ils composent sur ces sujets sérieux, il n'y a d'ordinaire rien que de fade, & de plat; l'on diroit que la Muse n'est pas aussi Athée que le Poëte, & que leur genie, qui est propre à briller sur d'autres matieres, se refuse à la profanation & au blaspheme. Il est apparent que dans l'entendement des plus grands Libertins, il y a un sentiment secret de la

Divi-

Divinité, qu'on ne contraint qu'avec peine, à seconder l'imagination dans les insultes, quelle machine contre la Divinité.

J'observerai encore que les Athées constituent la plus fâcheuse espece de Pedants, & qu'il n'y en a point qui choquent, avec plus de fatuité, la politesse, & les belles manieres. Il n'est pas possible d'être en compagnie avec un Athée sans voir que toutes ses pensées roulent dans le même Cercle de railleries & de quolibets lancez contre Dieu, & contre la Religion ; tout son esprit se concentre dans cet unique sujet, comme dans un temps de contagion toutes les maladies aboutissent à la peste. Il sait que ses affreuses boufonneries doivent de necessité être importunes à la plûpart de ceux qui les écoutent ; il ne laisse pas de pousser sa pointe, & vous êtes forcé de le laisser parler ou de lui rompre en visiere.

Il y a des gens tout aussi ridicules que ceux dont je viens de parler, mais moins odieux en apparence, qui daignent avouër qu'il y a un Dieu, pourvû qu'il leur soit permis de regler ses attributs, ils veulent qu'il ait le caractere d'un Gentil-homme bien élevé & d'un bon Naturel. Selon eux, il n'a jamais eu le cœur de souffrir que son Fils fût crucifié, par les Juifs, & il a trop de generosité pour condamner ses Créatures à des supplices éternels. Conformément à ces belles idées, ils font main basse, sur les dogmes de la repentance, & de la Foi, & sur tous les autres moyens d'être reconciliez à Dieu par Jesus-Christ. Il y a, disent-ils, de bonnes Histoires dans la Bible, mais pour ce qui regarde la Vie, & les miracles de nôtre Sauveur, ce n'est qu'une Legende assez mal arrangée.

Outre ceux-là nous avons encore une foule d'Arriens & de Sociniens Disciples d'un ancien Hérétique, qui sortoit toûjours de l'Eglise dès qu'on commençoit à entonner le *Gloria Patri* & qui *s'asseyoit* lorsque dans les Prieres publiques, il étoit fait mention de la *Divinité de* Jesus-Christ.

De telles iniquitez, comme s'exprime Job, *devroient être punies par les Juges*; ce sont elles qui ont le plus contribué à la ruine de nos bonnes mœurs. Il n'y a point de methode qui puisse aller plus directement à rendre le Peuple criminel au plus haut degré, que de le dégager de la crainte d'un Etre suprême. Aussi-tôt qu'un homme commence à se persuader, qu'il n'y a point de Dieu, il ne lui reste aucune regle de conduite qu'un amour propre grossier & brutal. S'il n'y a point de Legislateur Souverain, il n'y a point de Loi, qu'il faille respecter; on n'a qu'à éluder la force des Loix civiles, & pour le reste on peut prendre ses appetits déreglez, pour le seul Droit naturel.

Quoique nous vivions dans un siecle, où la plus insolente impieté a inondé la Nation

comme

comme un déluge, il est certain pourtant que la Religion est publiquement professée dans nôtre patrie, que le nom de Dieu y est avoüé & adoré, & que le Christianisme y a les Loix pour appui ; rien n'empêche par consequent, de se servir de ces Loix pour défendre cet établissement salutaire contre les invasions des Athées, des Deistes, & des Hérétiques, comme l'ordre & le repos public sont défendus contre les attentats des Brigands, des Voleurs, & des Assassins.

Il n'y a pas la moindre probabilité de réüssir à réformer les mœurs de la Nation, si on laisse un libre cours aux maximes qui ont pour but de détacher nos Compatriotes des Principes de la Religion. Quelle *Symmetrie* y a-t-il dans un Gouvernement, où le moindre vol est puni de mort, dans le temps qu'on attaque impunément le Dieu du Ciel & de la Terre, qu'on renverse l'autorité des Livres sacrez, qu'on turlupine les Dogmes principaux du Christianisme, *la mort du Sauveur, & le salut de l'Ame.*

Si un homme s'avise de parler contre les Ministres, ou s'il est assez hardi pour dire des impertinences du Roy, on le met en prison, on le condamne au Pilori, ou bien au fouet, & l'on fait bien ; mais il lui est permis de tenir des discours séditieux de la Majesté Divine, de nier la Divinité de son Redempteur, & de lancer des railleries contre le Saint Esprit, dont nous adorons tout le pouvoir efficace ; aucune crainte de punition n'arrête cette langue effrenée dans son insolence ; ce sera beaucoup si quelqu'un de ceux qui l'écoutent le prie honnêtement de mettre des bornes à de pareils discours.

Où voit-on le Magistrat, ou le Particulier, soûtenir l'honneur de son Créateur, d'une maniere proportionnée à la grandeur du sujet ? Si dans une compagnie on donne un démenti à un homme de naissance, il le prend pour un cruel affront, il s'emporte, cherche querelle à celui qui l'a offensé, se bat avec lui, & bien souvent le tuë. Il arrive même qu'on prend avec la même chaleur le parti d'un ami absent, quand on le voit calomnié, & attaqué dans son honneur. Mais où est l'Honnête-homme, qui s'interesse assez dans la querelle de Dieu, quand un scelerat l'outrage, & donne le démenti à ses attributs & même à son existence, pour ne le pas entendre sans émotion, & sans la moindre envie de punir cette insolence outrée ?

Je croi qu'il n'est pas necessaire d'avertir ici que je ne suis pas d'opinion, qu'il faudroit se battre pour soûtenir la cause de Dieu ; je suis sûr qu'il ne faut jamais le faire, que dans une extrême necessité, que nos Loix le défendent, & qu'en cela elles sont conformes à la volonté Divine ; j'ai voulu simplement mettre ces deux cas en parallele, & faire voir qu'il n'y a rien de plus indigne

dans

dans nôtre conduite ordinaire, que d'être jaloux de nôtre honneur & de celui de nos amis, sans marquer le moindre dévouëment pour la gloire de nôtre Créateur. Il me semble du moins qu'il seroit raisonnable, si l'on voyoit un fat se donner des airs de petits maîtres aux dépens de la Divinité, de lui faire sentir fortement qu'on est choqué de son insolence, & de le traiter, comme un faquin, s'il en marquoit du ressentiment. Rien ne conviendroit mieux à un Homme de qualité, que de jetter du haut en bas des degrez un insolent, qui oseroit devant lui s'évaporer en blasphemes, ou de lui donner cent coups de bâton. Ce sont les seuls argumens dont ces sortes de gens-là sont dignes. Si l'on continuë à confondre la profanation avec l'Esprit, la crainte de s'attirer des railleries est capable de rendre les gens Esprits forts, pour ne pas passer pour des imbeciles.

Ajoûtons qu'un homme qui dans ma presence tient des discours profanes, doit supposer que je suis un Athée, comme lui, que je n'ai pas l'esprit de penetrer dans le sens de ses railleries, ou bien que je n'ai pas le courage d'en marquer de l'indignation. En un mot quelque intention qu'on lui donne, il m'offense, & il manque de politesse à mon égard. Tous ceux qui l'écoutent & qui sont assez heureux pour n'être pas de son sentiment, ne peuvent que prendre un afront

chaque

chaque trait d'Esprit qu'il lance contre la Religion.

Du Discours obscène.

L'Obscenité à quelque chose de si bas, & de si choquant, qu'un homme bien né devroit n'en être pas seulement capable. Quoique le Chevalier *George Mackeinzie* l'ait dépeinte de ses couleurs convenables d'une maniere très-ingenieuse, j'espere qu'il me sera permis de faire un petit nombre de Réflexions sur le même sujet.

Ceux qui se distinguent le plus à cet égard sont certaines gens confits, pour ainsi dire, dans la débauche, professeurs en impudicité, dont le cœur est si plein de sentimens obscenes, que la bouche en doit regorger de nécessité. Ce sont des personnes aussi incapables de gouverner leurs langues, que leurs passions brutales, qui se font une espece d'honneur de passer dans le monde pour ce qu'ils sont réellement.

On peut dire que dans ces sortes de gens vils & méprisables, *le discours obscene* est dans son véritable centre. Ils sont incorrigibles là-dessus, à moins qu'on ne coupe la racine du mal qui est dans le cœur, & ils n'auront jamais honte de leur infame langage que lorsqu'ils deviendront assez sages pour avoir honte des actions, & des sentimens, qui en sont les sources. Aussi n'est-ce ce pas à eux que j'ai destiné mes reflexions; je sai trop bien que rien ne sauroit les corriger que l'Hôpital, ou cette image du Purgatoire, où les place la cruauté officieuse d'un Chirurgien. Ils ont pris l'habitude d'aller de débauche en débauche, jusqu'à ce que leur Carcasse devienne aussi puante, que leurs discours sont sales, & que leur Corps soit trop mal propre pour que l'Ame daigne y loger plus long-temps. Si de pareilles gens vouloient parler d'une maniere sage, & conforme à la pudeur, leur imagination seroit dans une contrainte perpetuelle; ils seroient déplacez; ils sortiroient de leur caractere, & ils auroient eux-mêmes leur bonne part de l'ennui, qu'ils donneroient aux autres. Je n'ai donc rien à leur dire; je leur pardonne leur extravagance; mais qu'un homme bien élevé qui n'a pas encore fait de si grands progrès dans l'École du Diable, mêle dans ses discours des expressions de la Canaille & contraires à la pudeur, c'est une incongruité, qui me paroît aussi bifarre, qu'insupportable.

Tout ce qu'on peut conclure de la conduite d'un tel homme, c'est ou que ses actions, sont conformes à ses paroles, ou bien que n'ayant pas les talens necessaires pour arriver au plus haut degré de débauche, il veut y suppléer par une fourberie, & nous persuader, qu'il est plus vicieux, qu'il n'est réellement.

Je

Je doute fort si ce caractere est moins mauvais que celui d'un débauché consommé. Celui qui souhaite de passer pour plus vicieux, qu'il ne croit l'être, est aussi vicieux, qu'il peut le souhaiter ; & pour peu que le Démon soit raisonnable, il doit être content d'un tel Disciple.

Mais je laisse-là ce qu'il y a de criminel dans ces sortes de discours ; pour n'examiner que ce qu'il y a d'impoli, & d'indécent; mon principal but n'est pas de considerer l'obscenité comme un *péché* par rapport à Dieu, mais comme une incongruité à l'égard des belles manieres, & de l'agrément de la Societé Civile ; comme un afront qu'on fait avec insolence à toute une compagnie d'Honnêtes-gens.

Je sai bien que la pudeur, qui nous porte à couvrir nos corps, est un effet de la chute de nos premiers parens ; que c'est une consequence du crime, qui a, pour ainsi dire, abâtardi nôtre Nature, & que par consequent ce n'est pas une Vertu en elle-même. Il n'y a point de partie au corps humain, qui n'eût pû être exposée à la vûë, si le peché n'avoit établi une distinction necessaire entre les unes & les autres. Mais il s'ensuit de là même, que les discours impudiques pechent contre la coûtume, & contre la bienséance. Pourquoi la langue découvriroit-elle de propos déliberé, ce que la nature ne sauroit exposer à la vûë, qu'en rougissant,

&

& que la bienséance a condamné aux ténèbres? Si la pudeur est la suite du peché, si elle n'est pas une vertu, par elle-même, il faut avoüer que le peché nous a mis dans la necessité de la considerer comme une vertu, & que le Vice auroit une double influence sur nous si par un excez de déreglement nous secouions le joug de la pudeur que le Vice nous impose.

D'ailleurs c'est tomber dans l'erreur, à mon avis, que d'avancer que le peché a été la cause immediate de la *Honte*. Il est certain que le peché a donné de la nudité à nos corps, & à nos actions. Dès que l'innocence qui nous couvroit s'est retirée d'alentour de nous, la nudité a commencé à se déveloper, & la honte l'a suivie de près, ainsi le *peché* a été la cause immediate de la *Nudité*, & la *Nudité* a été celle de la *Honte*.

J'infere de-là, que d'être honteux de nôtre nudité, est une marque de sagesse, qui la considere comme un monument du crime par lequel le Vice a été répandu dans le monde, qui réflechit sur cette triste verité, & qui se fait un devoir de répondre à cette réflexion, par des sentimens semblables à ceux de la repentance.

Celui donc qui permet à sa Langue la liberté de dévoiler sans retenuë, ce que la honte cache avec tant de prudence, déclare qu'il n'a pas la moindre mortification, des maux qui sont derivez du premier peché

Tome V. O comme

comme de leur source, tout comme s'il étoit exempt des malheurs qui ont leur origine dans la chute d'Adam. Cependant tous les hommes en sentent les tristes influences, & s'il y a quelqu'un qui peut se vanter avec justice, qu'il ne sent pas dans son naturel le moindre penchant au mal, la moindre corruption, c'est le seul, qui peut couvert de son innocence, ne pas remarquer sa nudité, ni celle des autres; il ne sauroit rien dire d'indécent, & de contraire à la pudeur; rien ne sauroit s'offrir à ses yeux capable de les choquer.

Pour ceux, qui trouvent à propos de couvrir leur nudité, il est certain qu'ils n'agissent pas conséquemment, en la dévoilant par leurs discours. S'il y a des actions que la Nature condamne à la nuit & aux ténèbres, & s'ils ne les commettent eux-mêmes, que dans la retraite, pour les dérober à la vûë des hommes, quel motif plausible peut les porter, à en parler en public?

S'ils veulent qu'il y ait de la liaison & du plan dans leur conduite, qu'ils bannissent de leur bouche les expressions de certaines choses, & de certaines actions, ou bien qu'ils ne se fassent pas une affaire de se livrer à ces actions à la maniere de Diogéne; qu'ils en prennent le public pour spectateur, & qu'ils menent leurs femmes & leurs maîtresses aux marchez ou à la bourse,

pour

pour se divertir avec elles à la face du Ciel & de la Terre.

Je ne comprends pas par quelle prérogative la Langue peut s'arroger un droit, dont le reste du corps est privé. Veut-elle reprocher à la Nature les infirmitez où elle est sujette ? Quoique la coûtume de se couvrir d'habits soit une marque d'infamie imprimée dans la Nature, & un témoignage de nôtre corruption originale, je ne vois pas, qu'il puisse être permis à un homme sensé de se mocquer d'une tache si mortifiante, & d'insulter à la nature, qui malgré son imperfection ne laisse pas d'être sa nourrice & sa Mere.

Qu'on prenne le scelerat le plus abominable, le débauché le plus familiarisé avec l'obscenité, & qu'on le place en presence de sa Mere, on aura bien de la peine à le porter à tenir son langage ordinaire, devant celle qui l'a mis au monde. Il y a là-dedans quelque chose qui répugne trop, pour en croire capable l'homme le plus infame ; cependant il y a quelque chose de semblable dans le discours obscene en général. Par les expressions impudiques on afronte la Nature, qui est la Mere commune des hommes, & l'on en découvre la Nudité.

Un homme fameux par ses lumieres a prétendu, que le Commerce qu'un homme peut avoir avec une femme, est l'action du monde la plus basse, & la plus indigne de

O 2   l'excell'excellence de sa nature. Peut-être cette expression est-elle outrée, mais on peut dire avec verité, que d'exprimer cette action sans ménager les termes, c'est tenir les discours les plus bas, & les plus indignes d'un Estre raisonnable.

Je ne comprends pas même quel esprit, quel agrément on peut trouver dans ces paroles mal-honnêtes, ni comment on peut les considerer comme une source de joye & de plaisir. Selon l'idée que les gens du monde ont du plaisir, il peut y en avoir dans les actions mêmes dont ces discours sont d'infames tableaux; mais ce n'est que par grossiereté, & par mauvais goût, qu'on peut se délecter à prononcer, & à entendre de pareilles sottises; c'est manque d'esprit, c'est manque de trouver dans son cœur, & dans son imagination, des sources de divertissement plus convenables à un homme poli & sensé.

Je ne doute pas que les hommes, qui ont toûjours quelques raisons pour palier les choses les moins raisonnables, ne trouvent encore ici quelque excuse en faveur de ce déreglement d'Esprit. Ils me diront, que ces expressions ne paroissent choquantes, que parce que la coûtume les empêche d'être familieres, & qu'il n'y a point de crime à exprimer, ce qu'il n'est pas criminel de faire.

Suposons avec ces Messieurs, que la seule Coûtume a donné aux expressions, dont il s'agit, s'agit, cette indécence, qui choque si fort les régles de la politesse. La Coûtume n'est-elle pas respectable ? Des Coûtumes qui ne choquent pas la Raison, ne doivent-elles pas être observées par des gens, qui se piquent d'être sociables, comme des especes de Loix. Le consentement unanime des Honnêtes gens a banni ces termes de la conversation ; pourquoi les rapeler de leur exil, si l'on n'y est pas porté par des raisons superieures à la force de la coûtume ? De plus cette coûtume ne s'est pas introduite dans le monde par un simple caprice. Je l'ai déja insinué ; elle tire son origine du péché, qui en dissipant le voile d'innocence, qui couvroit la Nature, lui a fait connoître sa *Nudité*. Le peché a fixé son séjour d'une maniere plus particuliere dans certaines parties du corps qui la font rougir de honte. Par conséquent il faut se conformer à cette pudeur de la Nature, ou bien, si la chose est possible, se remetttre entierement dans l'Etat de l'innocence primitive.

C'est une ridicule contradiction de se couvrir par le secours des mains, & de se découvrir par la langue. Celui qui méprise la bienséance des paroles devroit mépriser en même tems la bienséance des habits. S'il n'y a point de mal à exprimer ce qu'il n'est pas criminel de faire, on peut dire aussi qu'il n'est pas criminel de faire voir, ce qu'on peut dépeindre sans crime. Il n'y a pas plus de mal à choquer les yeux, qu'à choquer les oreilles ; ce font deux organes dont l'Ame se sert, qu'on ne sçauroit distinguer par la moindre superiorité de rang, ni par la moindre prérogative.

En vain allegueroit-on, pour établir quelque difference entre dire des paroles indécentes, & dévoiler des choses indécentes, que nous sommes forcez à défendre une grande partie de nôtre corps contre les injures de l'air. Cette raison n'est pas également bonne dans tous les climats, & dans ceux où le froid est plus rigoureux, on pouroit y accoûtumer les autres parties du corps tout comme les mains & le visage.

Je pourois m'étendre d'avantage sur cette matiere, si mon but n'étoit pas de faire des Essais, plûtôt que des Traitez en forme.

Des Discours contraires à la Verité.

MOn dessein n'est point d'entrer dans un grand détail sur tous les pechez compris sous le nom de *Mensonge*. Je supose que tous ceux qui liront cet Ouvrage reconnoîtront avec moi, que c'est-là le vice le plus scandaleux, qui puisse avilir la Nature humaine. Il n'y en a point qui soit d'une aussi grande étenduë, & si fecond en autres vices ; tous les crimes en ont un besoin absolu ; ils ne sauroient s'en passer, quand ils veulent tromper, trahir, voler, ou détruire. Le mensonge est le voile général de tout ce qui est contraire à la Vertu ; c'est la peau de brebis sous laquelle le Loup se cache. C'est la priere du Pharisien, la rougeur de la Courtisanne, le fard de l'Hypocrite, le manteau du Voleur, le souris de l'Assassin. C'est l'embrassement de Joab, le baiser de Judas, en un mot c'est le Vice favori du genre humain, & le caractere distinctif du Diable.

Mais ce n'est pas-là proprement le sujet, que je me suis proposé de traiter ; mon intention n'est que de parler d'une certaine licence, qu'on se permet, de dire des choses contraires à la vérité, sans avoir dessein de nuire par-là à qui que ce soit. On considere cette liberté comme un badinage innocent, devant le Tribunal de Dieu, & devant celui des hommes ; mais j'espere faire voir la fausseté de cette opinion en considerant quelques branches de cette licence inconsiderée.

Les *Conteurs de profession* sont fort sujets à ce Vice ; leur unique but est de divertir une compagnie, & de la faire rire ; vaine satisfaction, & qui ne vaut certainement pas la peine, que pour en joüir on parle contre sa conscience, & qu'on manque de respect pour la Verité.

Il y a des gens qui s'abandonnent si fort à cette demengeaison, qu'insensiblement ils ôtent tout crédit à leurs discours, & que

O 4   ceux

ceux, qui les frequentent ont une incrédulité générale pour tout ce qui sort de leurs bouches.

Il arrive quelquefois, que les Histoires qu'ils debitent ont quelque fondement dans la verité, mais à force d'additions, & d'ornemens étrangers, elles parviennent à un volume monstrueux, dont les differentes parties sont tellement incompatibles, qu'elles perdent toute probabilité, & que souvent même elles deviennent entierement contradictoires. Cependant le *Conteur* est si fort chatoüillé de la satisfaction d'en avoir fait un *bon conte*, qu'il est aveugle sur les absurditez, dont il a envelopé le fait, & qu'il attend avec impatience une occasion favorable de le débiter de nouveau effrontément, même devant des personnes assez pénétrantes, pour en saisir d'abord la fausseté.

J'entendis un jour un homme, qui auroit été au désespoir d'être traité de menteur, raconter une Histoire, dont la verité étoit absolument impossible. Néanmoins il assûra positivement que c'étoit un fait, & qu'il en avoit été témoin oculaire. Un Cavalier qui étoit à côté de lui & qui étoit trop bien élevé pour lui rompre en visiere, le regardant fixement, *tout de bon Monsieur*, lui dit-il, *avez vous vû la chose vous-même* ? De mes propres yeux, répondit l'autre. *Puisque cela est ainsi*, reprit le Cavale Cavalier, *je suis obligé de vous en croire sur vôtre parole, mais je puis vous protester, que je n'en croirois rien si je l'avois vû moi même.* Cette plaisante complaisance excita un grand éclat de rire dans toute la compagnie, & dévoila mieux le mensonge, qu'on venoit d'entendre, que n'auroit pû faire un démenti dans les formes, qui auroit été sujet d'ailleurs à donner lieu à une querelle.

Cette licence d'alterer les faits, pour les rendre plus remarquables, va souvent si loin qu'il est difficile de les démêler d'avec la broderie, & que le *Conteur* a de la peine lui-même à se souvenir de la réalité, sur laquelle il avoit travaillé d'abord. Par cette pratique générale il arrive d'ordinaire, que la même Histoire raportée par deux differentes personnes qui en ont été tous deux témoins occulaires, ressemble si peu à elle-même, qu'il est naturel de croire qu'elle roule sur deux faits differens. Ces sortes d'Historiens se familiarisent si fort avec leurs propres inventions, qu'ils sont eux-mêmes les dupes de leurs chimeres, & qu'ils les prennent à la fin pour des veritez.

Il est surprenant, qu'on ait tant d'indulgence pour ce tour d'Esprit, qui s'occupe uniquement à ces sortes d'inventions. On ne songe pas, que ces outrages qu'on fait à la Verité font peu à peu dans le cœur une brêche, par où l'habitude de mentir se peut glisser

glisser avec beaucoup de facilité. Dès qu'une fois on commence à ne pas respecter la vérité dans les bagatelles on court grand risque de s'accoûtumer à la braver dans les affaires importantes. De cette manière on tend des embuches à sa propre vertu, dans le tems qu'on ne songe qu'à faire rire une compagnie, ou bien à y causer un étonnement extraordinaire. C'est là l'unique récompense, que se proposent ces Conteurs de profession, & s'ils arrivent à leur but, il sont contens comme des Rois, & ils se félicitent de la fertilité de leur imagination.

Il est difficile d'assigner à cette coûtume la place qu'elle merite parmi les habitudes vicieuses. S'il y a moins de crime que dans les autres mensonges, il y a en récompense infiniment moins de bon sens. Ceux qui mettent, pour tirer de leur crime un gain considerable, s'y abandonnent du moins par un motif qui peut avoir de la force. Ce motif, il est vrai, ne les excuse en aucune maniere, mais il les fait agir consequemment & par principe ; mais de mentir par forme de divertissement, c'est choquer sa conscience, pour le seul plaisir de se rendre fou de propos déliberé ; quel plaisir ! En verité ceux qui en sont si charmez, mettent leur mauvais sens au dessous de l'extravagance des habitans des petites maisons.

Rien n'est pourtant plus commun ; il semble que le caractere entier de certaines personnes

sonnes est composé de Contes ; point de compagnie sans Conteurs, & point de Conteurs, qui en debitant leurs Histoires ne donnent des preuves autentiques du vuide de leur Esprit, semblables à un Colporteur qui va porter sa maigre boutique de maison en maison, ils n'ont qu'un petit nombre de Contes, qu'ils promenent par toute la Ville, & qui deviennent à la fin si usez, qu'ils montrent la corde, & qu'ils perdent tout leur lustre.

Il n'est pas necessaire d'avertir que tous ces *Conteurs* sont presque coupables de la fiction, dont je viens de parler ; la chose est évidente ; rarement habillent-ils leur Histoire de la même façon ; ils en alterent même les circonstances les plus essentielles, mais ils ont beau faire ; cette varieté ne les masque pas suffisamment pour leur faire conserver les graces de la nouveauté.

J'avouë que les termes me manquent pour bien exprimer la bassesse de cœur, & le déreglement d'esprit, qui regnent dans la conduite de ces pauvres-gens, qui péchent sans dessein, sans motif, sans réflexion, & qui bien loin d'avoir un mauvais but, n'en ont point du tout. Etrange caractere ! que celui d'un homme, qui sans penser à mal affronte la Verité, trompe ses amis, se decredite lui-même, & n'a pour fruit de son invention, & de ses chimeres, que la gloire de se changer en *boufon*, & de faire d'u-
ne

ne compagnie, où il se trouve, un *paresseux* que ses extravagances divertissent pour rien.

Le meilleur conseil que je puisse donner à un fou de cette espece, est de *continuer à mentir tout son sou*. L'expression paroît donner dans le paradoxe ; mais je me crois en état de prouver qu'elle ne s'écarte pas du bon-sens. Le seul moyen pour un tel homme de ne plus *mentir*, c'est de continuer à *mentir* de toutes ses forces. La qualité essentielle du mensonge, c'est d'en imposer : mais il est impossible à un menteur reconnu pour tel d'en imposer à personne ; tous les discours, quelque faux qu'ils puissent être, deviennent des sons vuides, qui ne produisent aucune idée, & ceux qui y attachent le moindre sens sont leurs propres dupes.

Les Conteurs de profession peuvent être distribuez en differentes classes. Il y en a qui debitent des Histoires, qui sont entierement dûës à leur imagination, & qu'ils forgent pendant quelque insomnie pour se dedommager des rêves, dont le défaut de sommeil les prive. Ils glissent ces sortes d'Histoires, dans la conversation par cet exorde ordinaire, & usité ; *un jour il y avoit un homme ; il y avoit un jour une femme*, & par ce commencement ils semblent avertir les Auditeurs, qu'ils vont débiter une fable.

D'autres fabriquent dans la même forge

de leur invention des fables mieux circonstantiées, & par cela même plus impudentes. Pour menager du crédit à leurs Histoires, ils les font arriver à des personnages fixes, & ils ne manquent jamais de déclarer dans leur préambule, qu'ils ont connu familierement l'homme ou la femme, dont ils ont parler.

Il ne faut pas confondre ces sortes de Contes avec des paraboles, ou des fables Allegoriques, qui sont d'une nature toute diferente. La Verité est le but naturel de ces fictions; elles tendent à une instruction agréable, & plus propre à se glisser dans l'Esprit qu'une Morale séche & dénuée d'agrément. Telles sont les Paraboles qu'on trouve dans les Livres sacrez; telles sont les *Avantures de Telemaque*, & telles sont encore celles de vôtre bon ami *Robinson Crusoe*.

D'autres Conteurs, dont j'ai déja parlé, se contentent de falsifier la verité & d'en faire un mêlange monstrueux avec le mensonge, plus détestable que le mensonge tout pur, parce qu'il est plus propre à tromper. Quelquefois on ensevelit des faits véritables sous tant d'additions & d'ornemens étrangers que le fondement en disparoit entierement; il arrive même que ces Contes sont si souvent retouchez, corrigez, retournez, accommodez, qu'ils ressemblent à cette vieille Galere de Venise, où l'on avoit mis tant de planches nouvelles de tems en tems qu'à la fin il ne lui resta rien de sa *matiere* primitive.

Il y a encore une autre classe de Co[n]teurs dont les fables sont pleines de malice & d'allusions propres à noircir la réputa[tion] du prochain ; mais ils ne sont pas [de] mon sujet, il ne s'agit ici que d'une espece [de] *Diables blancs*, pour ainsi dire, qui n'o[nt] aucune malignité dans leurs desseins uniqu[e]ment mauvais, parce qu'ils sont déraiso[n]nables. Ils ne font proprement tort qu[à] eux-mêmes, semblables à la cigale qui [en] mourant de faim divertit les Voyageurs p[ar] son chant.

La conversation de ces gens est un vui[de] perpetuel, & pour parler le langage de l'[E]criture Sainte, *la Verité n'est point en eu[x]*, ils la considerent comme un objet, qui [n'a] pas la moindre valeur, & qui ne merit[e] estime, ni hommages. Ils tournent le[s] crimes en raillerie, & en divertissement[s] péchent en riant, & l'on peut dire qu[i] jouent de leur Ame, comme d'un viol[on] pour faire danser les autres. S'ils font na[itre] quelquefois la joye dans une compag[nie] c'est à leurs propres dépens ; ils joue[nt] Comedie, pour ceux qui les écoutent, la Tragedie pour eux-mêmes.

Je serois bien aise, que ce que je [viens] de dire sur ce sujet fût capable de déto[urner] de cette sotte boufonnerie ceux qui y [

nent sans perdre absolument le sens commun, en leur faisant honte de leur impertinent badinage, & en tournant leurs réflexions sur ses dangereuses conséquences. Les Livres sacrez nous ordonnent *de parler verité à nôtre prochain*, & si nous voulons nous mettre au rang des Conteurs de profession, choisissons des Contes, qui n'ont pas besoin de fard, & de broderie; & si nous doutons de leur verité, disons-le naturellement pour laisser à chacun la liberté d'en croire ce qu'il trouvera à propos.

Sans cette précaution, le mal qu'il y a à débiter des fables, sur le pied de veritez, se répand au long & au large, & va de bouche en bouche tromper tous ceux qui y prêtent attention. C'est en cela précisément, que ces Contes ont une difference essentielle avec les fictions allégoriques, qu'on donne d'abord au public sans en dévoiler le sens, pour essayer la penetration des Lecteurs. Plusieurs personnes peuvent n'en pas sentir le veritable but ; mais dès qu'on l'a une fois développé, l'Histoire disparoît, pour ainsi dire, & rien ne reste que la Morale seule à laquelle elle avoit servi d'enveloppe, & de voile.

Il en est tout autrement des Contes en question ; leur fausseté fait toute leur essence ; la maniere dont ils sont perpetuez répond à leur invention ; ceux qui les tiennent de l'inventeur, assurent la verité du fait

avec

avec la même confiance, dont ils en ont été assurez eux-mêmes. A les entendre parler, on croiroit qu'ils en ont les preuves les plus authentiques.

C'est ainsi qu'on communique une tradition de mensonges à la posterité, qu'on lui en donne en même temps la matiere & le modelle, & qu'on rend ses derniers neveux complices des afronts qu'on fait à la Verité.

On pourroit m'objecter, que par les preceptes que je donne ici, je condamne les premiers volumes de cet Ouvrage, & que pensant censurer les autres, je me censure moi-même. Mais je prie ceux qui pourroient me faire cette objection, de suspendre leur jugement, jusqu'à ce qu'ils voyent le dénouëment de la piece, qui découvrira tout le mystere, & je ne doute pas qu'alors ils n'avouent que l'Ouvrage répond au dessein, & que le dessein justifie l'Ouvrage.

CHAPITRE IV.

Essai sur l'Etat present de la Religion dans le monde.

DANS cette partie de mon ouvrage, que j'ai appellé l'Histoire de ma vie, j'ai fait mention plus d'une fois de ce penchant insurmontable de mon cœur, où tous mes
desirs

desirs aboutissoient, & qui me portoit sans relâche à une vie errante, quoique j'y fusse continuellement baloté par les plus fâcheux accidens, & par les catastrophes les plus propres à me dégoûter de mes courses.

Il y a presque dans tous les Naturels une fougue inconsiderée, qui nous fait suivre le torrent de nos desirs par une action presque involontaire, & qui nous fait faire un grand nombre de choses, sans que nous ayions d'autre but, que de nous assujettir à nôtre volonté, ou pour mieux dire, à nos passions. En nous conduisant de cette maniere, nous ne consultons pas seulement nôtre Raison; & quand nous avons achevé ces actions si indignes d'un Estre raisonnable, il nous est impossible de leur assigner le moindre motif plausible.

En suivant le fil de mon Histoire Allegorique on peut me supposer arrivé, aprés une longue enchainure d'incidens, à ce periode de la vie humaine, qu'on appelle *Vieillesse*. On peut supposer encore que je compose cet Ouvrage dans cette saison, où naturellement chaque homme devroit être capable de faire des réflexions judicieuses sur le passé, de justes décisions sur le present, & des conjectures probables sur l'avenir.

Au commencement de cet état tranquille d'une vie réglée, qui est, à parler sagement, le commencement de ma vie même, je demandai un jour à ma propre Raison, quelle devoit être naturellement l'occupation d'un vieillard raisonnable ? Je n'eus pas besoin de faire de longues discussions pour me répondre, que c'étoit *la réflexion sur les choses passées & une attention forte & sérieuse pour les choses futures.*

Ayant partagé en ces deux classes les affaires qui demandoient tout mon loisir, & toutes mes pensées, je commençai d'abord par la premiere, & quand la matiere accabloit trop mon imagination, je me servois de la plume pour l'en décharger de temps en temps, ce qui me mit en état de communiquer au public une grande partie de mes réflexions.

Pendant que ces méditations occupoient toutes les facultez de mon Ame, je me trouvai un jour par hazard chez un ami, où parlant d'une maniere fort étenduë de mes Voyages, selon la loüable coûtume de tous les Voyageurs, je remarquai qu'une Dame assez avancée en âge écoutoit mon récit avec une très-grande attention. Comme je m'arrêtai un peu, elle se servit de cet intervalle : *Je vous prie, Monsieur,* me dit-elle, *permettez-moi de vous faire une question :* » De tout mon cœur, Madame, *lui répondis-je,* & là-dessus nous entrâmes dans le Dialogue suivant.

LA DAME. N'avez-vous pas remarqué, Monsieur, dans tous vos Voyages, ce que les hommes font principalement, &

quelle

quelle est leur occupation générale & essentielle?

R. CRUSOE. En verité, Madame, il n'est pas aisé de répondre juste à une pareille question. Les hommes s'occupent de mille differentes manieres, selon leur temperament, & selon leurs differentes passions ; cette varieté s'augmente encore à l'infini, quand on porte ses réflexions sur les differentes parties du Monde, & sur tant de Nations, qui ont chacune leurs coûtumes & leurs préventions particulieres.

LA DAME. Il me semble, Monsieur, avec vôtre permission, que vous ne touchez pas seulement à la question que je prens la liberté de vous faire. Je comprends sans peine la varieté, que les differentes Coûtumes de plusieurs Peuples doivent jetter dans un bon nombre de leurs actions. Ce que je voudrois sçavoir c'est uniquement, si dans la nature de tous les hommes il n'y a pas une fin generale & essentielle, qu'ils se proposent, qui soit marquée dans toute leur conduite, & qui soit comme le centre commun de toutes les occupations.

R. CR. Il me semble, Madame, que vous venez d'ajoûter une autre question à la premiere, & qu'elle est d'une nature differente?

LA DAME. Quelle est donc cette question, Monsieur?

R. CR. Si je vous entends bien, vous voulez

voulez savoir de moi, de quelle maniere le Genre-humain employe son temps. Il est très-certain que la grande moitié des hommes ne l'employe point à ce qu'ils reconnoissent pour le but principal de leurs occupations; & par consequent ces deux questions sont entierement differentes.

LA DAME. Je vous prie, Monsieur, de ne me pas écarter de mon sujet par vos distinctions; je parle seulement de ce que les hommes en general reconnoissent comme la principale fin de la Vie humaine, & comme le centre de toutes leurs actions.

R. CR. Pour vous parler naturellement, Madame, je crois que les hommes s'occupent principalement à deux choses; premierement à manger & à boire, & en second lieu, à chercher dequoi manger & dequoi boire. Si vous y ajoûtez les peines, qu'ils se donnent, pour se devorer les uns les autres, vous voyez leur principale occupation dans toute son étenduë.

LA DAME. Fort bien, mais ce n'est là que leur *occupation animale*, qui les confond avec les brutes.

R. CR. Il est vrai, Madame, se nourrir, & chercher de quoi se nourir, c'est l'occupation, qui les met de niveau avec les bêtes; mais leur occupation en qualité d'hommes, sçavoir celle de se dévorer les uns les autres, les met fort au dessous des brutes, que leur fiere raison méprise tant.

Les

Les animaux privez de Raison ne détruisent jamais leur propre espece, & ils n'attaquent les autres, que pour assouvir leur faim, & pour se conserver la vie, au lieu que l'homme, par des motifs infiniment plus bas, se porte à ruiner & à massacrer son prochain, & quelquefois sa propre famille. Cette verité est parfaitement bien dépeinte, dans les vers que je m'en vais vous reciter.

Voit-on les Loups Brigands, comme nous inhumains,
Pour détrousser les Loups courir les grands chemins ?
Jamais pour s'agrandir, vit-on dans sa manie
Un Tigre en factions partager l'Hyrcanie ?
L'Ours a-t'il dans les bois la guerre avec les Ours ?
Le Vautour dans les airs fond-il sur les Vautours ?
A-t-on vû quelquefois dans les plaines d'Afrique,
Déchirant à l'envi leur propre République
Lions contre Lions, parens contre parens,
Combattre avec fureur pour le choix des Tyrans ?
L'Animal le plus fier qu'enfante la Nature
Dans un autre Animal respecte sa figure ;
De sa rage avec lui modere les accès
Vit sans bruit, sans débats, sans noise, sans procez.
Un Aigle sur un champ prétendant droit d'aubeine
Ne fait point apeller un Aigle à la huitaine.
Jamais contre un Renard, chicanant un Poulet,
Un Renard de son sac n'alla charger Rollet.
Jamais

Jamais la Biche en rut n'a, pour fait d'impuis-
    sance,
Traîné du fond des bois un Cerf à l'Audience,
Et jamais Juge entre eux ordonnant le congrez,
De ce burlesque mot n'a sali ses arrêts.
On ne connoît chez eux, ni Placets, ni Requêtes,
Ni haut, ni bas Conseil, ni Chambre des Enquêtes
Chacun l'un avec l'autre en toute sûreté
Vit sous les pures Loix de la simple Equité.
L'Homme seul, l'Homme seul, en sa fureur ex-
    trême,
Met un brutal honneur à s'égorger soi même.
C'étoit peu que la main conduite par l'Enfer
Eût pastri le salpêtre, eût aiguisé le fer,
Il falloit que sa rage à l'Univers funeste
Allât encore de Loix embroüiller un Digeste ;
Cherchât pour l'obscurcir des Gloses, des Do-
    cteurs,
Accablât l'Equité sous des monceaux d'Auteurs,
Que l'Equité trouvât son Tombeau dans le Code
Et qu'on forçât Themis à proteger la fraude.
La Raison instrument des plus affreux excez
Ne sert qu'à rafiner sur nos plus noirs forfaits,
Si les brûtes au meurtre animent leur courage,
Leur faim sert & d'excuse, & de borne à leur rage,
Mais d'orgüeil, de malice un projet concerté
Fait en nous, ce qu'en eux fait la nécessité.
L'altiere Ambition, la cruelle Vengeance,
Outragent la Foiblesse, oppriment l'Innocence,
Et de crimes si bas Orateurs specieux,
Nous savons les farder, par des noms glorieux.

LA

LA DAME. Je crois que ce que vous venez de dire est véritable, mais tout cela ne satisfait pas à ma question. Il faut de nécessité qu'il y ait dans le Genre humain une occupation, qui soit reconnuë pour le but général, vers lequel la Sagesse veut que nous dirigions toute nôtre conduite. Il me paroît qu'il doit y avoir quelque chose de fixe dans la Raison humaine; un centre commun, où doivent aboutir les réflexions, & les penchants de tous les Peuples.

R. Cr. En verité, Madame, je ne le croi p Déja il y a une grande partie du Genre humain, & bien plus grande, que nous ne croyons, dont la Nature est abâtardie, par une vie sauvage & barbare. La fin principale de cette vie, ne paroît consister simplement que dans l'occupation de chercher la nourriture, & dans le plaisir d'en faire usage. Si vous en exceptez la faculté de parler, & l'Idolâtrie, il n'y a rien qui distingue ces Nations malheureuses des bêtes les plus feroces; leur vie est précisément la même que celle d'un Tigre ou d'un Lion.

LA DAME. Je croi pourtant qu'on pourroit alleguer plusieurs choses, qui mettent une difference essentielle, entre les bêtes & les Sauvages, mais ce n'est pas là dont il s'agit presentement; l'occupation principale & universellement reconnuë pour la veritable fin de la Vie humaine, ne consisteroitroit-elle pas dans la Religion ? Vous venez de faire mention vous-même de l'Idolâtrie, qui regne parmi les Sauvages, & qu'ils honorent apparemment du titre de Religion.

R. C R. Vous avez trop bonne opinion des hommes, Madame ; rien n'est plus difficile que de trouver quelque Religion dans le Monde ; d'un côté ce n'est que crasse ignorance, de l'autre ce n'est que noire Hypocrisie.

LA DAME. Il semble, Monsieur, que vous vous étudiez à éluder le sens véritable de ma question ; je sçai bien qu'une partie du Genre humain est devote d'une maniere aveugle, & qu'une autre l'est d'une maniere scelerate ; mais ce n'est pas là le cas, dont il s'agit ; je vous demande seulement, si du moins les hommes ne font pas en général profession de reconnoître la Religion pour leur fin principale ?

R. C R. Mais qu'appellez-vous Religion, Madame ?

LA DAME. J'appelle Religion un Culte adressé à un Etre suprême, à un Dieu connu, ou inconnu, n'importe ; pourvû qu'on lui rende hommage, comme à un Etre dont on dépend.

R. C R. Je vous dirai, Madame, qu'effectivement il y a très-peu de Nations assez stupides pour ne pas faire profession de croire une *Divinité, un pouvoir suprême.*

LA DAME. J'en suis bien persuadée,

mais

mais ce n'eſt pas encore veritablement, ce dont je voudrois m'informer. J'aurois envie de ſavoir, ſi avec cette idée d'une Divinité dont tous les Peuples ſont redevables à leurs lumieres naturelles, ils n'en ont pas une autre dérivée de la même ſource, qui les porte à un certain Culte, à des hommages, à l'adoration, & ſur tout à la priere?

R. CR. Je crois vous entendre à preſent, Madame, vous me demandez, ſi l'idée de l'exiſtence d'un Etre ſuprême, & l'idée d'un Culte que nous lui devons, ne découlent pas dans l'Eſprit du Genre-humain, du même *Principe naturel*?

LA DAME. Voilà préciſément ma queſtion, pourvû que nous entendions tous deux la même choſe par le terme de *Culte*.

R. CR. Pour moi j'entends par-là l'*Adoration*.

LA DAME. Pour moi, j'y donne un autre ſens; je crois que ce terme doit ſignifier, ſur tout dans le cas dont il s'agit, la *ſupplication* ou la *Priere*.

R. CR. Helas, Madame, la plus grande partie des Indiens ne connoiſſent dans leur Culte rien que l'*adoration*.

LA DAME. Je ſuis d'opinion, Monſieur, que vous vous trompez; je ſuis perſuadée, que l'*adoration* de ces pauvres gens eſt une *ſupplication* réelle. Ne nous avez-vous pas dit vous-même, qu'ils levent leurs mains vers leurs Idoles, de peur qu'elles

Tome V. Q ne

ne leur fassent du mal?

R. Cr. Je l'ai dit, & il y a beaucoup d'apparence.

La Dame. Vôtre Esclave *Vendredi*, & les femmes Sauvages dont vous nous avez rapporté l'Histoire, ne vous parlerent-ils pas de leur Idole *Benamuckée*, & de leur maniere de lui rendre leurs hommages?

R. Cr. Sans doute.

La Dame. Ne vous dit-il pas que les vieillards de sa Nation montoient sur des collines pour leur dire O à leur Divinité? Que veut dire cet O sinon, *O, ne nous punissez pas, ne nous tuez pas; O, guerissez nos maladies, car vous êtes tout-puissant; O, donnez-nous tout ce dont nous avons besoin, car vous êtes plein de bonté; O, épargnez-nous, car vous êtes misericordieux*. Je conclus de-là que toute leur adoration consistoit dans la supplication, & que l'hommage qu'ils rendoient aux differens attributs Divins, aboutissoient à la *Priere*.

R. Cr. Je tombe d'accord, Madame, de tout ce que vous venez de dire, mais quelles consequences en tirez-vous; & quel est le but de vôtre question?

La Dame. Les consequences que j'en tire, Monsieur, sont pour ma propre utilité; elles ne sont pas assez importantes, pour vous être communiquées, & je n'ai garde de me croire capable de vous instruire.

J'avois

J'avois cru que cette judicieuſe Dame auroit pouſſé plus loin cette converſation, mais elle l'évita, & m'abandonna à mes propres réflexions, qui ſortirent en foule, du diſcours que nous avions eu ſur un ſujet ſi important. La prémiere choſe ſur laquelle mes penſées roulerent, c'étoit l'examen de la maniere dont la Religion ſubſiſte dans le Monde ; il n'étoit pas néceſſaire de la pouſſer bien loin pour m'apercevoir, qu'il y a parmi les hommes plus de *Dévotion* que de *Religion*, plus d'*Hypocriſie* que de véritable *Culte*.

De-là mon attention ſe tourna, par une tranſition aſſez naturelle, ſur mes Voyages, & je conſiderai avec la derniere mortification, que dans toutes les courſes, que j'ai décrites dans mes deux premiers Volumes, je n'avois preſque pas mis le pied dans un Pays Chrétien, quoique j'euſſe parcouru trois parties du Monde. Excepté le peu de tems, que j'ai demeuré dans le Brezil, où les Portugais font profeſſion de la Religion Catholique Romaine, qu'on peut apeller Chrétienne pour la diſtinguer du Paganiſme, je n'ai pas vû un ſeul Pays habité par des Chrétiens ; l'on en ſera convaincu quand on voudra ſe rapeller mes Voyages dans l'Eſprit. Ils commencerent par les Côtes de *Salé*, d'où je partis en me ſauvant de l'eſclavage. De là je parcourus la Mer Atlantique, ayant les *Côtes d'Afrique*, d'un côté, & les *Caraïbes* de l'autre, enſuite je vis

Madagascar, Malabar, la Baye de Bengale, Sumatra, Malacca, Siam, Camboye, la Cochinchine, l'Empire de la Chine, les deserts de Karakathai, les Tartares Monguls, les Syberiens, les Samojedes, & je n'eûs le bonheur de me trouver parmi des Chrétiens, que dans la *Russie noire*, à quatre ou cinq journées d'*Archangel*.

Rien au monde n'est plus triste, que d'observer que l'ignorance la plus grossiere, & la plus excessive brutalité sont tombées en partage à tant de millions d'hommes, douez des mêmes facultez naturelles, que nous, fournis des mêmes talens, & à plusieurs égards aussi accessibles à la conception des choses les plus grandes, & les plus sublimes. Cette observation est fondée, non seulement par raport à la Religion, mais encore à l'égard de toutes les Sciences, & de tous les Arts, qui peuvent perfectionner nôtre Nature, & contribuer aux agrémens de la vie.

Il est difficile de déterminer ce que la Sagesse Divine a trouvé à propos de résoudre sur le sort de ce nombre infini d'ames; & je n'ai nullement le dessein témeraire d'entrer là-dessus dans de profondes recherches. Je me contenterai de faire une seule remarque; si selon l'opinion de plusieurs personnes, Dieu doit leur faire grace dans le jugement à venir, à cause qu'ils n'ont pas peché contre la lumiere salutaire de l'Evangile; on
peut

peut dire que les ténebres du Paganisme, dont ils ont été envelopez, sont plûtôt une faveur qu'une malediction. D'être né au contraire sous la lumiere de l'Evangile, & élevé dans la connoissance de la Volonté revélée de Dieu, n'est pas une aussi grande grace du Ciel, que nos Docteurs veulent nous le persuader. Dans le cas suposé, le Christianisme contribuë plus à la damnation des hommes, qu'à leur salut, & en perd un plus grand nombre, qu'il n'en sauve, ce qui est une opinion abominable, s'il y en a une au monde.

De l'autre côté, si toutes ces Nations éloignées de la science du Salut doivent être pour jamais privées de la presence de Dieu; Privation, qui constituë ce qu'il y a de plus affreux dans les suplices de l'Enfer, par quelle méthode la Philosophie humaine conciliera-t'elle avec la bonté infinie de Dieu, la résolution de damner des millions d'ames, uniquement pour n'avoir pas crû en celui, dont la connoissance n'a jamais été offerte à leurs lumieres naturelles, il y a de grandes difficultez de côté & d'autre; & la prudence veut, que nous suspendions plûtôt nôtre jugement, que de chercher à dévelloper ces mysteres impénétrables, & de sapper les fondemens de la Religion par des récherches téméraires, & infructueuses. Je retourne à l'examen de l'état, dans lequel la Religion se trouve parmi les hommes.

Je commencerai par les Maures qui habitent la Barbarie. Ils sont Mahometans, mais de l'espece la plus abâtardie, & la plus impolie du monde. Ils sont aussi cruels, que des bêtes feroces, débauchez, insolens, & aussi vicieux, que la Nature le peut permettre. Les Vertus & les bonnes mœurs leur paroissent si peu recommandables, qu'ils ne les mettent pas seulement au rang des *bonnes Qualitez*. Un homme a beau être sobre, grave, sage, judicieux, sociable, integre, juste, il n'en est pas estimé. La gloire chez ces Peuples, consiste dans la violence & dans le Brigandage. Ils prostituent le titre de grand-homme à un homme riche, possesseur d'un grand nombre d'Esclaves, qu'il traite avec la derniere dureté. Chaque homme est un petit Prince despotique à part, il ne se croit pas obligé à la bonté, à la justice, & à la civilité, ni à l'égard de ses inferieurs, ni à l'égard de ceux qui sont au-dessus de lui, & il se conduit à tous égards avec toute la liberté effrenée, à laquelle il est porté par ses passions, & par ses caprices.

La Religion dans ce Païs barbare, est bornée par le *Bairam*, & par le *Ramadan*, par les jours de Fêtes, & par les Jeûnes, par la *Mosquée*, & par les *Bains*. Tout l'exercice de la devotion y consiste à lire l'Alcoran, & à se laver le corps. La *Sociabilité* y est ensevelie sous mille coûtumes feroces & barba-

barbares. L'humanité & la confiance mutuelle y sont des choses inconnuës. On ne s'y voit pas, on ne se fie jamais l'un à l'autre. Chaque homme y represente une bête feroce ; qui détruiroit toutes les autres, s'il en avoit le pouvoir.

Ce que je remarquai dans ce Païs me donna occasion de faire une reflexion à l'avantage la de Religion Chrétienne. On peut dire, qu'elle est distinguée des autres Religions par ce caractere essentiel ; que par tout où elle a été professée, elle a eu toûjours la force de *civiliser* les Nations, lors même, qu'elle n'a pas eu le pouvoir de les *sanctifier*. Elle a produit d'heureux effets sur les Manieres, sur le Gouvernement, & même sur le Naturel des Peuples. Elle les a portez à la pratique des Vertus civiles, les a dégagez des Coûtumes barbares, dont auparavant ils avoient été *abrutis*, en faisant couler dans leur temperament quelque chose de doux, & d'humain, & les a guidez vers une vie réguliere, relevée par les agrémens, que la generosité, & la charité sont capables de répandre dans le commerce mutuel des hommes. En un mot, cette Religion leur a enseigné à vivre en *Etres raisonnables*, elle leur a fait reconnoître, pour les principes de leur conduite, la douceur, la benignité, l'humanité & toutes ces Vertus sociables, qui sont si dignes de l'excellence de nôtre Nature, & si conformes aux regles éternelles

nelles de la Justice, & de l'Equité.

Il est de la derniere évidence encore, que lorsque la Religion Chrétienne a été exilée d'un Pays, & qu'elle a fait place de nouveau au Paganisme & à l'Idolatrie, la barbarie & la ferocité y sont rentrées d'ordinaire en même temps, le Naturel des Peuples s'est alteré tout aussi-tôt; les principes de generosité en sont sortis, la douceur & la bonté en ont été effacez, & ces malheureux se sont plongez de nouveau dans la cruauté, & dans le brigandage.

On pourroit tirer, contre cette remarque, un objection de la sagesse, de la politesse, & de la grandeur d'Ame des Romains, & des Grecs, chez qui l'étude de la Philosophie & un Gouvernement sage & bien reglé, avoient rendu familier les Princes de l'Honneur & de la Vertu. Il est vrai, que la Générosité, & l'Héroïsme ont brillé avec éclat dans ces Nations à differens égards. Elles ont été fertilles en personnes illustres, qui ont porté la Vertu à sa plus grande sublimité, qui se sont sacrifiez pour leur Patrie, avec tout le zéle, & avec toute la fermeté imaginable. Les Romains sur tout se sont signalez par mille actions non seulement héroïques, mais encore humaine, équitables, & genereuses; ils avoient horreur de tout ce qui est bas & lâche, & ils trouvoient indigne du Nom Romain de conserver la vie même par le moindre

dre détour, qui pût les éloigner de la probité la plus scrupuleuse.

Mais cette objection, bien loin de détruire ce que j'ai avancé, ne fait que le confirmer. Ces Romains si grands, si magnanimes, ne laissoient pas, malgré les Lumieres que leur donnoit la Philosophie, d'avoir encore des restes considerables de barbarie & de férocité. Ils étoient tirannisez par des Coûtumes directement contraires à l'humanité, témoins leurs Spectacles, dans lesquels ils exposoient les Criminels aux bêtes les plus cruelles, & forçoient des Gladiateurs dressez exprès à s'égorger avec la derniere fureur.

Qu'on ne me dise pas, qu'il est indifferent de quelle maniere on punit des scelerats, & des gens qui mettent le désordre dans la Société. Sans alléguer ici, que les malheureux, qu'on forçoit à se massacrer de cette maniere, n'étoient pas toûjours des Malfaicteurs, je ferai remarquer, qu'on se faisoit un des plus grands divertissemens de ces Spectacles inhumains. Les Dames mêmes, malgré le penchant, qu'elles ont à la douceur & à la pitié, y assistoient en foule, & cinquante esclaves taillez en pieces à leurs yeux, ou déchirez par des Lions, & par des Tigres leur fournissoient un plaisir assez piquant pour leur tenir lieu d'un Bal ou d'un Opera. Ce qu'il y a d'afreux dans cette seule Coûtume fait voir assez,
qu'il

qu'il y avoit bien de la différence encore entre les Romains, & un Peuple adouci par les benignes influences de la Religion. Ce qui rend la chose évidente, c'est qu'aussitôt que le Christianisme s'est introduit chez cette Nation, elle eût horreur de cette même cruauté, qui faisoit auparavant ses plus cheres delices; ses Amphithéatres, & ses Cirques furent renversez, comme leurs ruïnes nous le témoignent encore.

Il doit même paroître clair à des Juges impartiaux, que parmi les Chrétiens, ceux dont la Religion est la plus conforme aux Livres sacrez, sont plus humains & plus sociables que les autres. Dans les Pays Protestans, la douceur & le suport mutuel sont infiniment plus remarquables, que dans les Pays Catholiques, & il ne me seroit pas difficile de le faire voir fort au long, par l'Histoire & par l'Experience.

Je retourne aux Maures de Barbarie, qui sont un exemple vivant de l'abâtardissement où l'exil de la Religion Chrétienne, d'un Pays, peut jetter les Peuples, qu'elle avoit fait renoncer autrefois à leur Naturel farouche, & à leur brutalité.

J'ai examiné d'assez près cette terrible Nation pour être persuadé, qu'elle est la plus odieuse & la plus méprisable d'entre toutes celles, qui couvrent la surface de la Terre. Une Ame grande, sensible à la compassion, & à la charité y est absolument inconnuë.

inconnuë. La Nature y a perdu tout le lustre, & tous les excellens avantages, qu'elle peut tirer de la Religion, & cependant le Christianisme y a fleuri autrefois pendant plusieurs siecles.

Au sortir de là, je vis les Peuples Payens d'Afrique, dont plusieurs ne donnent pas la moindre marque d'un Culte religieux, si j'en puis juger par ceux que je vis à bord de nôtre Navire; car je n'eus pas occasion de leur aller rendre visite à terre.

De là je m'en fus dans le Brezil, où je trouvai les Habitans du pays adonnez à un Culte d'une fort grande étenduë, qu'ils ont conservé même pendant que les Portugais ont fait leur demeure parmi eux. Ils n'ont que trop de Religion, mais c'est une Religion sanguinaire, cruelle & extravagante; ce qu'il y a de plus essentiel consiste en Sacrifices humains, en Sortileges, & en Cérémonies, qu'ils croyent propres à évoquer les Démons; en un mot, je les estime fort au dessous des Négres d'Afrique, qui paroissent être entierement destituez de la connoissance d'un Etre, qui merite les hommages des hommes.

Pour les *Cannibales*, dont j'ai souvent parlé dans mes Volumes précedens, en raportant les descentes qu'ils firent dans mon Isle à plusieurs reprises, je ne puis pas donner un compte fort exact de leur Culte religieux. Pour ce qui regarde leur affreuse coûtume

coûtume de se repaître de chair humaine; il faut la considerer plûtôt comme une fureur guerriere, que comme une pratique civile, où l'on s'abandonne de sang froid; ce qui paroît évidemment en ce qu'ils ne mangent jamais que ceux, qu'ils font prisonniers dans les combats.

Si l'on vouloit secouer un moment le joug que la coûtume impose à nôtre imagination, & à examiner cette pratique par la Raison seule, je croi qu'on la trouveroit peu differente de ce qui se passe dans les Armées Européennes, pendant la chaleur de l'action, où il arrive très-souvent, qu'on refuse quartier à un ennemi qui jette ses armes, & qui n'est plus en état de nuire aux vainqueurs. Tuer de tels malheureux, ou les manger, c'est à peu près la même chose, & il est difficile de faire voir une difference essentielle entre ces deux actions inhumaines. Excepté cette habitude choquante, j'ai trouvé ces Sauvages aussi humains, aussi sociables & aussi propre à être civillisez qu'aucun peuple du monde.

Je passe aux Indiens; car pour les Habitans de *Madagascar*, j'en ai vû fort peu de chose; & je croi qu'on peut les comparer aux Negres, qu'on trouve sur les Côtes de Guinée, excepté qu'ils sont un peu plus accoûtumez aux manieres des Européens, par le fréquent commerce qu'ils ont avec eux. Les Indiens en général sont Mahométans ou Payens, mais leur Culte est mêlé de tant de coûtumes barbares, que le Mahométisme même y est corrompu & abâtardi. Cette corruption par raport aux Dogmes influë sur la Morale, & sur la conduite de ces Peuples. Ils sont bien éloignez de marquer dans leur commerce cette justice, & cette integrité, qui sont observées parmi les Mahometans de l'Europe, avec lesquels on peut négocier en toute assurance; au lieu que les Indiens volent & trompent autant qu'il leur est possible, & qu'ils se font une gloire d'en être crus capables.

Il est vrai que dans l'Empire du Grand Mogol, il y a une politesse exterieure dans toute la forme du Gouvernement, & que les Habitans de Ceylan sont soumis à des Loix fort severes. Cependant quelle difficulté n'y a-t-il pas à négocier avec eux? Leur Economie même les porte à la fraude, & ils n'ont pas seulement le loisir de porter leurs reflexions sur les principes naturels de la justice & de l'Equité.

Il est vrai que les Chinois sont fameux par leur sagesse; c'est-à-dire, qu'ils ont eux-mêmes une opinion si étenduë de leurs Lumieres, que par une espece de honte on leur en attribuë beaucoup plus qu'ils n'en ont réellement. Pour leur rendre justice, il faut dire que ce sont des gens sages parmi les fous, & des fous parmi les gens sages.

Pour ce qui regarde leur Religion, elle

est toute concentrée dans les maximes de *Confucius*, dont la Theologie me paroît une vraye Rapsodie de Politique, de Morale & de Superstition, sans liaison, & bien souvent sans raisonnement. On lui feroit trop d'honneur, en la considerant comme un Paganisme épuré. A mon avis, il y a des Dogmes mieux raisonnez dans la Theologie de plusieurs Payens de l'Amerique que dans celle de cette Nation, dont on nous débite de si grandes choses, & s'il faut croire ce qu'on nous a rapporté du Gouvernement de Montezuma dans le Mexique, & des Incas du Perou, il y avoit dans le Culte religieux de leurs Peuples bien plus de régularité & de bienséance, que dans celui des prétendus Sages de la Chine.

Par rapport au Genie des Chinois, il est sûr qu'il éclate le plus dans leurs Ouvrages méchaniques. Mais si l'on y prend garde de près, on verra sans peine, que de ce côté-là même, qui est leur endroit brillant, ils sont fort au-dessous des Habitans de nôtre Europe.

Pour avoir une idée juste de leur sagesse, il sera bon d'entrer dans un certain détail, & d'en examiner les differentes branches. Il est d'abord certain, que leurs lumieres ne les ont pas menez si avant dans la connoissance de la Religion, qu'ils auroient pû être guidez par les Notions naturelles, qui conduisirent autrefois les Romains & les Grecs, dans

dans la recherche de la Verité. Si ces anciens Sages n'avoient pas une idée exacte de la Divinité, ils la consideroient pourtant comme quelque chose d'immortel, de tout-puissant, & d'infiniment élevé au-dessus de l'homme. Ils la plaçoient dans le Ciel ; ils lui accordoient l'Empire du Monde, & les Images de leurs Dieux & de leurs Déesses representoient d'ordinaire des attributs Divins, & des qualitez dignes de s'attirer nôtre respect & nôtre admiration. Les noms dont ils distinguoient ces Divinitez, répondoient aux vûës de leurs Statuaires : *Jupiter* étoit appellé le *foudroyant*, à cause de son pouvoir, & *le Pere des Dieux & des hommes*, à cause de son Autorité. *Vénus* étoit adorée pour sa *beauté*, *Mercure* pour son *adresse*, *Apollon* pour son *Esprit*, *pour sa Musique*, *& pour l'Art de la Medecine*, qu'il avoit communiqué au Genre-humain ; *Mars* pour sa *valeur & pour son intrépidité*, & ainsi du reste. Que trouve-t-on de semblable dans le Culte des Chinois, cette Nation si célèbre pour sa politesse & par la grandeur de son génie ? On la voit se vautrer dans la bouë même d'une Idolâtrie grossiere, & si peu conforme aux Principes Naturels de la Raison, que cette *grossiereté* paroît un effet d'étude & de rafinement.

Leurs Idoles bien loin d'être les Images de quelques Vertus, ou de quelques qualitez estimables, ne representent pas seulement

la

la moindre réalité ; ce sont des figures plus que monstrueuses, enfantées dans l'imagination des Prêtres, & dans la composition desquelles, il n'entre pas seulement la moindre partie de quelque animal, qui existe ; elles ne représente rien qui puisse marcher, se tenir debout, ou voler ; on n'y voit rien, qui soit propre à voir, à parler, ou à entendre ; tout le motif qu'on paroît avoir eu en les formant est de remplir l'Esprit des spectateurs d'effroi & d'horreur. C'est ainsi que ces gens si sages adressent leur Culte à ce qui s'offre à leurs yeux comme abominable au suprême degré.

Qu'on me permette de donner ici mon opinion sur le Culte Religieux, tel que la Nature peut l'enseigner à des hommes, qui ne sont pas instruits, par une révélation, de la véritable nature de Dieu. Il me semble, que le Soleil, la Lune, les Etoiles, qui étoient adorez par les Payens de l'Antiquité, aussi-bien que la représentation de certaines Vertus, & certaines qualitez excellentes, comme la Valeur, la Fermeté, la Beneficence, l'Esprit, la Sagesse, &c. sont des objets infiniment plus naturels d'un Culte Religieux, que les afreuses idoles, qu'on adore dans la Chine, & dans le Japon. En vain vante-t-on les maximes d'Etat, sur lesquelles la sagesse de ces Nations a fondé la forme de leur Gouvernement. En vain veut-on nous donner les plus grandes idées de

leur

leur génie & de leur habileté ; tous ces Eloges hyperboliques n'empêcheront pas un homme sensé de trouver leur Culte le plus brutal, le plus extravagant, & le plus contraire à la Raison, & à la Nature, qu'il soit possible de trouver dans tout l'Univers. Non seulement elles se prosternent devant l'Ouvrage de leurs propres mains ; mais encore devant des Chef d'œuvres de laideur & de difformité, uniquement destinez à exciter l'horreur & l'effroi dans l'Ame de ceux qui les regardent ; au lieu que des Payens plus sages se conformant à la Nature ont toûjours donné à l'objet de leurs hommages, quelque chose d'aimable, & de propre à s'attirer du respect, & de l'estime.

Quel titre de pareilles gens peuvent-ils avoir pour prétendre au caractere de sagesse, de politesse, & d'habileté, quand ils se laissent maîtriser par une Idolâtrie directement opposée au sens commun, & qu'ils adressent leur adoration, non seulement à ce qui est uniquement capable de les détourner du Vice par la frayeur, mais encore à ce qu'on peut imaginer de plus méprisable, & de plus dégoûtant ?

Telle étoit l'Idole, que je vis un jour dans un temple, ou plûtôt dans une Chapelle attachée au grand Palais de Pequin. Un Mandarin avec ses Domestiques étoit prosterné la face contre terre devant elle. Il n'y avoit rien qui representât la moindre partie d'aucune Créature de Dieu ; tout en étoit dû à l'invention humaine, qui s'étoit donné la torture, pour produire quelque chose d'afreux, qu'on ne pût pas regarder sans dégoût & sans aversion.

Il s'en trouve une pareille, à moins qu'elle ne soit renversée par quelque homme de bon sens, dans une Chapelle, qu'un Mandarin Tartare a fait bâtir dans son Jardin, qu'on trouve à une petite distance de la Ville de Nanquin. Le peuple y accourt de tous côtez, pour adresser à cette figure monstrueuse son aveugle dévotion, & comme je suis en état de la dépeindre exactement, je me crois obligé d'en donner le portrait à mes Lecteurs.

Elle avoit quelque chose, qui lui tenoit lieu d'une tête, mais ce n'étoit pas une tête proprement & une gueule de travers, qui n'étoit qu'une ouverture large & difforme sans avoir la moindre ressemblance à une bouche d'homme, de quadrupede, d'oiseau, ou de poisson. Ce monstre avoit des pieds, des mains, des doigts, des griffes, des jambes, des bras, des aîles, des oreilles, des cornes, le tout placé pêle-mêle, & sans le moindre arrangement ; tous ces membres afreux, & par la figure, & par le desordre, étoient attachez à une masse informe, plûtôt qu'à un corps ; je ne sai pas si elle étoit de bois, ou de pierre ; mais je sai bien, qu'elle avoit une figure, à laquelle il

étoit

étoit impossible de donner un nom. On pouvoit placer ce monstre à tout hazard, sans lui ôter la moindre partie de ses graces. De quelque côté qu'on le tournât, il étoit également horrible & dégoûtant, également propre à inspirer de l'aversion ; & quand on l'auroit mis sur la tête, on ne lui auroit pas fait le moindre tort. Il est certain qu'un Chrétien auroit trop de bonté pour le Diable même, pour le representer par une figure si execrable. Je ne l'ai pas encore dépeinte dans toute sa difformité, mais si le Lecteur y veut suppléer par un effort d'imagination, & y ajoûter tout ce qu'elle peut lui fournir de plus abominable & de plus effrayant, il aura une idée à peu près juste de la Divinité de ces Sages Chinois, qu'on oblige d'admirer malgré nous. Il peut se representer leurs Mandarins, & leurs plus Grands Seigneurs, qui lui rendent leurs hommages, avec toute la pompe possible, & avec toute l'humilité, que le Dieu du Ciel & de la Terre pourroit exiger de ses adorateurs éclairez.

Si du temps que le Paganisme servoit encore de bandeau à la Sagesse des Romains, on avoit placé un monstre semblable dans un Temple consacré au *Dieu de la Laideur*, comme ils en avoient un dédié au *Dieu de la Beauté*, on auroit admiré certainement l'art & l'invention du Statuaire, mais sous tout autre titre un tel monstre n'auroit pû

R 2 paroître

paroître sur un autel de ces sages Payens, sans s'attirer le mépris, & l'exécration publique.

Rien, à mon avis, n'est si capable de faire passer une Nation, pour *ignorante, & extravagante* au plus haut degré, qu'un pareil travers d'Esprit par rapport au Culte Religieux. Si la plus grossiere ignorance touchant l'idée de la Divinité, qui est si naturelle à la Raison humaine, n'est pas capable d'approprier ce caractere à un Peuple, je ne connois rien dans la Nature, qui nous puisse mettre en droit d'avoir mauvaise opinion de qui que ce soit.

Considerons encore à quelques autres égards la sagesse de cette Nation, qui à force de s'en vanter elle-même nous met en quelque sorte dans la necessité de l'admirer plus qu'elle ne vaut.

Le Gouvernement & les Arts sont les deux choses, dans lesquelles, ceux qui en ont une si grande opinion en Angleterre, prétendent qu'elle excelle.

La forme de son Gouvernement consiste dans une disposition absoluë & tyrannique, qui est la méthode de gouverner la plus aisée, par tout où les Sujets sont aussi disposez à obéïr aveuglément, que leurs Supérieurs le sont, à commander d'une maniere impérieuse. De quelles lumieres, de quelle prudence, de quels rafinemens de Politique a-t-on besoin pour conduire des hommes,

hommes, qui, quand on leur ordonne de se pendre eux-mêmes, versent quelques larmes efféminées, & executent ensuite cet ordre sans délai ? Les maximes de Politique des Chinois, sont admirables parmi des Chinois, il en faut convenir ; mais parmi nous elles ne produiroient que du desordre, & de la confusion. Si la même chose n'arrive pas dans l'Empire de la Chine, c'est uniquement parce que tout ce qu'un Mandarin ordonne y passe pour une Loi aussi respectable, que si elle venoit immediatement du Ciel, & il est impossible que l'execution ne la suive de près, à moins que Dieu ne fasse une espece de miracle, pour l'empêcher.

Pour ce qui regarde leur maniere d'administrer la Justice ; tout ce qu'on y peut remarquer, c'est une décision prompte, suivie d'une execution sans délai ; c'est une observation assez exacte de la Loi du Talion, & un soin général d'empêcher les injustices. Leurs punitions sont cruelles, & excessives & seront mal proportionnées ; ils coupent les mains & les pieds à un voleur, dans le temps qu'ils permettent à un meurtrier de se racheter du suplice.

Leurs Mandarins jugent en dernier ressort dans un grand nombre de cas, tout comme nos *Juges de Paix* ; mais d'ordinaire ils ne fondent leurs jugemens, sur aucune Loi écrite. Ils n'ont pour toute regle que la Coûtume, la Tradition, & leurs propres lumieres,

res, qu'ils ne consultent qu'à la hâte, sans se donner le temps d'y réflechir & de corriger dans les sentences, selon les differentes circonstances des faits, ce qui pourroit y avoir de trop severe. Ils ne savent ce que c'est de mitiger la punition par la consideration de la fragilité humaine & de la force des motifs, qui ont porté le coupable au crime.

J'en viens à la maniere, dont on prétend qu'ils brillent dans la Mechanique, & dans les Arts. J'avouë que je n'y trouve rien, qui puisse être la base de cette haute opinion, que les Européens font profession d'en avoir. Nous ne les admirons de ce côté-là, que parce que nous les comparons avec d'autres Nations Payennes de l'Asie & de l'Afrique, que nous trouvons à cet égard plongez dans la plus crasse ignorance. Cette comparaison est certainement avantageuse aux Chinois, mais elle ne devroit pas nous jetter dans un étonnement capable de nous éblouïr, & de suspendre en nous la faculté de raisonner. Cette *superorité* n'est pas un pur effet du genie de cette Nation. Il faut considerer qu'elle habite le Continent de l'Asie, qui, malgré des deserts assez étendus, lui a pû permettre autrefois le Commerce avec les Nations savantes & polies, qui ont autrefois habité cette partie du Monde *les Medes, les Perses & les Grecs*. Il y a beaucoup d'aparence, qu'ils ont reçû

où les premiers Elemens de la Mechanique, & les Principes des Arts, des Perses, des Assyriens, & des Israëlites, qui selon l'opinion la plus commune, ont été transportez dans le pays des Parthes situé sur les frontieres du *Karacathai* ou de la *Grande Tartarie*, & qui ont dû naturellement communiquer aux Peuples voisins, l'adresse, où ils excelloient de faire toutes sortes d'Ouvrages.

Si cette conjecture est fondée, il est certain qu'il faut s'étonner de la stupidité des Chinois, plûtôt que d'admirer leur genie ; examinons les progrés, qu'ils ont faits dans les Arts, à proportion de ceux qu'ont faits les Peuples de l'Europe ; rien n'est plus mince. Il est vrai, qu'ils excellent par raport à quelques Ouvrages particuliers, dont leur Pays leur fournit la matiere, mais certainement, ils n'en sont pas redevables à leur genie. A cet égard là même ils sont surpassez par nos Artisans ordinaires, dont l'imitation laisse loin derriere elle les originaux, qui passent pour les plus grands Chefs d'œuvre.

Ils ont de la poudre à canon, & des armes à feu : c'est une particularité, qu'on fait valoir extrêmement ; il n'est pas certain s'ils ont appris l'Art de les faire des Européens, ou s'ils en sont redevables à leur propre invention ; mais il n'importe gueres ; il suffit de remarquer, que leur poudre bien

loin

loin d'être propre aux operations d'un Siege, n'a pas seulement la force de tuer un oiseau, à moins qu'ils n'en employent une grande quantité. Leurs fusils sont plus propre à faire parade, qu'à produire quelque effet ; ils sont pesans, grossiers, mal faits & désagréables à la vûë. Ils ne savent ce que c'est que des bombes, des carcasses, des grenades, des mines &c. Ils sont si éloignez de posseder l'Art d'attaquer & de défendre une Place, qu'à peine ont-ils une idée de l'art de pointer un canon. Pour la Discipline militaire, l'exercice les révolutions, la maniere de ranger une Armée en bataille Leurs plus habiles Généraux devroient venir à l'Ecole chez le moins habile de nos Sergeans, qui en sait d'avantage que toute la Chine ensemble.

S'ils ont eû l'usage de la poudre à canon pendant tant de siécles, comme quelques uns de leurs admirateurs ont *rêvé*, il faut avoüer que leur stupidité est étonnante ; & s'ils ont appris à la faire depuis peu, ils ne sauroient encore excuser la bêtise qu'ils ont eu de ne pas perfectionner davantage une invention, qu'il est si facile de porter au même degré, où elle est parmi les Européens.

Passons à leur Navigation, & convenons que de côté-là ils surpassent tous leurs voisins ; mais ayons trop de bonté pour eux, pour les comparer avec nous. De quelle
étenduë

étenduë sont leurs courses, de quelle manière conduisent-ils leurs barques, & leurs pauvres *Jonques* ? Comment s'y prendroient-ils pour traverser avec elles l'Ocean Indien, Americain, ou Atlantique ? Quels pauvres Matelots ont-ils ! Quels pauvres Pilotes ! y a-t-il rien de plus mal adroit & de plus grossier que toute leur manœuvre ? Quand on les mêle par necessité avec nos gens, combien de coups de pied ne s'en attirent-ils pas à chaque moment, par leur défaut d'habileté, & d'adresse ?

Ils ne sont pas plus habiles dans l'Architecture Navale, & ils n'auroient jamais le genie necessaire pour bâtir un Vaisseau de guerre un peu passable, j'oserois même assûrer que toute l'habileté de tous les habitans de la Chine ne suffiroit point, pour construire un navire comme nôtre *Souverain Royal*, quand il seroit sur les lieux pour leur servir de modelle.

Je pourrois encore examiner leur genie par rapport à la Peinture, à l'Art de faire des verres, des Horloges, des Montres, du ruban, de la dentelle, des bas &c. Et je pourrois faire voir qu'ils n'en savent rien, ou fort peu de chose, excepté les deux premiers Arts, à l'égard desquels ils ne sauroient encore entrer en comparaison avec nos Artisans médiocres.

On voit par tout ce que je viens de dire que tout leur grand genie, tout ce que leur

Tome V.   S   bil-

belle imagination a de plus ingenieux, aboutit aux *Porcelaines*, dont on est bien moins redevable à leur adresse naturelle, qu'à l'excellente terre que leurs Pays leur fournit. Si nous avions le même bonheur, il est indubitable que nous les surpasserions à cet égard, comme nous excellons par-dessus eux à tous les autres. Pour leurs Manufactures de soye, de cotton, d'étoffes d'or & d'argent, tout ce qu'on en peut dire, c'est que nos moindres Tisserans ne leur cedent en rien de ce côté-là.

Je ne leur rendrois pas justice, si je ne disois un mot de leurs Cabinets vernissez. Il est certain qu'ils sont d'une grande beauté, graces aux Materiaux excellens, par lesquels la Nature supplée à leur défaut d'habileté pour la construction de leurs Cabinets mêmes; il est certain que nous les effaçons tellement, que nous ne manquons pas d'en envoyer de tous faits, d'Angleterre dans la Chine, pour être vernissez-là, & pour nous être renvoyez.

Il ne me seroit pas difficile d'entrer dans un pareil détail, par rapport à toutes les branches de leur prétenduë habileté, & par là je ferois parfaitement bien voir l'imperfection presque incroyable de la sagesse, & des talens dont ils sont si fiers. Mais mon principal but a été de parler de l'état où la Religion se trouve parmi eux, état si triste, que les plus féroces des Sauvages ont un Culte moins barbare & moins ridicule, que n'est le leur.

Cet Empire a pour frontiere une large étenduë de Païs de plus de 2000. d'Angleterre. Elle est en partie sous la Domination des Chinois, & en partie sous celle des Moscovites. Mais elle est habitée par les *Tartares Monguls*, par ceux de *Karacathai*, par les *Syberiens*, & par le *Samojedes*, dont les Idoles sont à peu près aussi hideux, que ceux de la Chine, & dont la Religion est dictée par une nature brutale & entierement abâtardie. Pour en être persuadé, on n'a qu'à consulter le Pere le Comte, qui décrit la figure de plusieurs de leurs Divinitez, & les cérémonies dont on se sert pour leur rendre hommage. Au reste, cette Idolâtrie grossiere continuë jusqu'auprés d'Archangel. C'est ainsi qu'en parcourant une si prodigieuse étenduë de Pays, qui est trois fois plus grande que le Diametre de la Terre, on n'entend pas seulement prononcer le nom du vrai Dieu, excepté par quelques Indiens Mahometans, bien loin d'entendre parler du Fils de Dieu, & de la sainte Religion, qu'il a donnée aux hommes.

Le zéle avec lequel j'ai examiné l'état de la Religion dans les Pays, où j'ai voyagé, m'a porté à continuer cette recherche par la Lecture, puisque mon âge n'est plus propre aux courses. Le motif qui m'y a porté, est l'idée que j'avois, qu'il devoit y avoir beaucoup de Religion dans les endroits que je n'ai pas vûs, puisqu'il y en a si peu, dans ceux, où mon étoile ambulante m'a conduit. Mais ma lecture m'a appris à peu près la même chose, que mes Voyages; savoir que toutes les Nations sont presque dans les mêmes dispositions à l'égard d'un Culte Religieux. Elles ont toutes plus de dévotion pour rendre des hommages à *quelque chose*, qu'ils ont de curiosité, pour examiner la nature de ce qu'ils adorent, & tous les Peuples ressemblent assez aux Atheniens, qui avoient consacré un Autel au *Dieu inconnu*.

La chose paroît fort étonnante, mais on sera convaincu qu'elle est vraye, si l'on veut bien jetter les yeux sur les differens objets du Culte, devant lesquels les Nations se prosternent, d'une maniere, qui semble passer la Sphere de l'extravagance humaine.

Ce qui m'a paru de plus absurde, & de plus bisarre dans l'Idolâtrie usitée dans les Pays que j'ai parcourus, c'est qu'excepté dans la Perse, & dans quelques parties de la Grande Tartarie, on s'adresse aux Dieux, *en baissant les yeux vers la terre, au lieu de les porter du côté du Ciel*. Ce qui m'a fait penser que dans l'Idolâtrie même le Genre-humain s'abâtardissoit de plus en plus, & que les travers d'Esprits modernes alloient plus loin en matiere de Religion, que les extravagances des Anciens.

Les Payens modernes ne placent pas leurs Dieux d'ordinaire parmi les Astres, à l'exemple

xemple des Grecs & des Romains, & ne leur affignent pas leur féjour au-deffus des nuées ; mais ils les cherchent parmi les brutes, & ils en affemblent dans leur imagination des parties différentes, pour faire après ce modelle des Idoles monftrueufes, qu'ils adorent pour leur hideufe difformité.

De ces deux fortes d'Idolâtrie, l'ancienne eft felon moi infiniment préferable à la moderne. On peut excufer fur tout à mon avis celle des Perfes qui adreffoient leurs hommages au Soleil. On ne fçauroit nier que dans cet Aftre admirable il n'y ait quelque chofe de grand, de divin & propre à s'attirer le refpect des hommes, & de folliciter, pour ainfi dire, l'adoration de ceux, qui uniquement guidez par la Nature vivent dans l'ignorance du vrai Dieu. Le Soleil eft le Pere du Jour, & l'Auteur de la Vie, il femble la donner à tout le *Monde vegetatif*, & par fes influences benignes, il anime en quelque forte la *Vie raifonnable* ; il paroît fi fort contribuer à la confervation de tous les Etres qui font autour de nous, qu'on pourroit foupçonner qu'il a contribué à leur Création.

Il paroît évidemment par les Hiftoires, que les principaux Adorateurs de cet Aftre, fçavoir les anciens Perfes étoient autrefois la Nation la plus éclairée du Monde, & ce caractere paroît même, ce me femble, dans leur Idolâtrie. Ce Culte paffa apparemment

remment jusqu'aux Nations voisines ; du moins on prétend que la statuë que *Nabucodonosor* fit dresser pour être adorée par tous ses Sujets, avoit le Soleil dans la main droite, & que c'étoit proprement à la representation de cet Astre magnifique qu'il vouloit forcer tant de Peuples à rendre leurs homages, d'où il s'ensuivroit que les *Assyriens* avoient la même veneration pour le Soleil que les *Perses*.

Nous apprenons encore dans nos Livres sacrez que plusieurs Nations adoroient *toute l'armée des Cieux*, ce qui est bien plus naturel, & plus approchant du Culte adressé au vrai Dieu, que d'adorer les animaux les plus vils & les plus difformes, & même les images, & les representations de ces animaux.

Ce que nous remarquons d'approchant de la Verité, dans cette Idolâtrie ancienne, ne peut que nous inspirer les réflexions les plus mortifiantes. Il est vrai, qu'elle étoit pleine d'absurditez, & qu'on n'y pouvoit découvrir qu'un foible reste ; une ombre de la connoissance du vrai Dieu, qui avoit été répanduë, au commencement du Monde, par toute la race humaine. Cependant ces absurditez ne sont rien en comparaison de certaines opinions, & de certaines pratiques, qu'on remarque à present parmi plusieurs Nations, qui font profession de suivre dans leurs sentimens, & dans leur conduite

duite les plus pures lumieres de l'Evangile. Combien d'opinions contradictoires n'admettent-elles pas ? Dans combien d'occasions n'agissent-elles pas d'une maniere directement opposée à leurs Principes, & à leur profession ? Avec quelle fureur des Chrétiens, qui renferment tout le Christianisme dans ce nom, ne se damnent-ils pas les uns les autres, pour une difference d'opinions ou de Ceremonies très-souvent peu importantes, pendant qu'ils admettent les mêmes dogmes essentiels, & qu'ils esperent tous le même salut !

De quel Fanatisme plusieurs d'entre eux ne mêlent-ils pas les dogmes d'une Religion toute raisonnable, & dans quelles absurditez n'embourbent-ils pas leur devotion ! de quelles aveugles superstitions ne l'obscurcissent-ils pas ? Jusqu'à quel point leur zele n'est-il pas quelquefois enragé, & furieux ! Il y en a qu'un prétendu amour de Dieu, & de la Religion rend cruels & barbares, tout comme si le Christianisme nous dépoüilloit de l'humanité, & qu'en servant un Dieu de Misericorde, dont les compassions infinies sont l'unique but de nos Esperances, nous étions obligez de nous montrer inhumains & impitoyables envers nos prochains.

En traversant le Portugal, je me trouvai justement à Lisbonne, dans le tems que l'Inquisition tenoit son lit de Justice, ce qu'on appelle *Auto da fé*.

Ce sujet a été traité fort au long par différens Auteurs, & il faut convenir que plusieurs Catholiques Romains mêmes l'ont dépeint avec ses véritables couleurs ; aussi ne prétens-je pas écrire ici une Histoire de l'inquisition, ni entrer là-dessus dans une controverse ; je veux rapporter uniquement un fait.

On mena à la grande Eglise tous les Criminels en Procession. Il en parut d'abord huit habillez de robes & de bonnets de canevas, où étoient dépeints tous les tourmens de l'Enfer imaginables ; on y voyoit des Diables qui rôtissoient & qui fricassoient des corps humains, tout cela étoit relevé par des flammes, & par tout ce qui est capable de donner une idée horrible des supplices des damnez.

Ceux qui étoient vêtus de ces habits épouvantables, étoient huit personnes malheureuses, destinées à être brûlées sans savoir au juste le crime qui leur attiroit un si rude châtiment. On disoit qu'ils avoient manqué de respect à la Sainte Eglise, & à la Vierge, ce qui suffisoit pour executer cette cruelle sentence. Il y en avoit un, qui disoit, qu'il étoit bien aise d'être brûlé ; & qu'il aimoit infiniment mieux mourir que de retourner aux prisons de l'Inquisition, où il avoit soufert mille morts chaque jour. J'appris que parmi ces huit il y avoit plusieurs Juifs, dont le plus grand étoit d'être extrêmement

mement riches, & quelques Chrétiens qui feroient échappez de la cruauté de leurs Juges, s'ils n'avoient pas été extrêmement pauvres.

Peu s'en fallut qu'un spectacle si horrible ne me donnât mauvaise opinion du Chriſtianiſme même, & je ne me débarraſſai de cette idée déraiſonnable, qu'en penſant, que ces Inquiſiteurs ne méritent pas le nom de Chrétiens, & qu'il y a pluſieurs Pays Catholiques, où l'on ne ſouffre pas l'établiſſement de ce Tribunal abominable.

J'ai vû & lû un grand nombre d'autres exemples de l'extravagance, & de la barbarie de ceux qui font profeſſion de la Religion Chrétienne, & je puis proteſter, qu'il y a des opinions & des Coûtumes reçûës par des Nations entieres, qui feroient horreur aux Payens. Ces ſentimens & ces pratiques ſont tellement propres à donner du ſcandale, qu'il faut avoir un grand attachement, pour ce qu'il y a d'eſſentiel dans le Chriſtianiſme, pour ne s'en pas prendre à cette Religion même, de la conduite de ceux qui la profeſſent.

Que les véritables amateurs de cette Sainte Religion ne s'offenſent pas, de ce que j'oſe raporter ici quelques échantillons de pluſieurs de ceux qui ſe font une gloire de porter le nom de Chrétiens ; mon intention n'eſt en aucune maniere de jetter un air de ſcandale ſur la Religion même ; je ne veux que faire entrer en eux-mêmes, ceux qui

la

la déshonorent par leurs sentimens & par leurs actions.

Je crois que je ne m'éloignerai pas de mon dessein en copiant ici les paroles d'un homme très-judicieux, qui, à son retour de la Turquie, traversa plusieurs Provinces de l'Italie, & fit une attention particuliere, sur tout ce qu'il y a de remarquable dans les Etats du Pape.

« Lorsque j'étois en Italie, je passai par le Patrimoine de S. Pierre, où il est naturel de croire, que la Religion doit être dans toute sa pureté, & dans tout son éclat, mais je n'y vis que l'exterieur de la Religion & rien de plus.

« A Rome on peut admirer les Habits Religieux, & les Cérémonies de la Religion dans toute leur pompe & dans toute leur magnificence. Le Pape & les Cardinaux se promenent par la Ville, avec une sainte gravité; mais ils vivent dans une sainte luxure. Ils soûtiennent avec un faste dévot la dignité de leurs Tîtres, & de leurs Charges. Tout leur exterieur fait ostentation de la Piété, mais semblables aux Pharisiens, dont parle nôtre Sauveur, ils ne sont en dedans, que des Loups ravissans.

« Rien n'est plus remarquable, que la maniere dont ils administrent la Justice, & rien n'est plus propre à mettre au fait de leur caractere ceux qui sont capable

» de

„ de quelque réflexion. L'Eglife protege
„ des meurtriers, & des affaffins, & pro-
„ nonce Anathême contre les Magiftrats
„ Civils, s'ils puniffent ces Criminels,
„ malgré cette protection abominable. Elle
„ met à l'interdit des Royaumes entiers, &
„ en fait fermer les Eglifes uniquement,
„ parce qu'ils ne payent pas quelques droits
„ & ainfi elle fufpend l'exercice de la Re-
„ ligion dans des Pays d'une vafte étenduë,
„ pour l'amour d'une petite fomme d'argent.
„ Ce qu'il y a encore à Rome de digne d'at-
„ tention, c'eft que perfonne n'eft plus affi-
„ du aux Eglifes, que les Courtifanes, &
„ que le tems des Prieres eft celui du ren-
„ dez-vous le plus ordinaire des Cavaliers
„ avec les femmes d'autrui.

„ La Cour de l'Inquifition fit brûler pen-
„ dant que j'étois-là, deux hommes pour
„ avoir parlé en termes peu honorables
„ de la Sainte Vierge, pendant que le Pape
„ connive à la conduite des Miffionaires
„ de la Chine, qui tolerent dans leurs nou-
„ veaux convertis le Culte du Diable. Un
„ Juif fut encore puni du même fuplice,
„ pour avoir renié JESUS-CHRIST,
„ quoiqu'on permette aux Jefuites de fou-
„ frir qu'on joigne les cérémonies du Paga-
„ nifme à celles de la Grande Meffe, &
„ qu'on chante des Antiennes, devant les
„ *Idoles* de *Tunquin*.

„ Voyant ces incongruitez fcandaleufes
„ j'avois

» j'avois résolu de ne plus faire la moindre
» recherche, touchant la Religion des Italiens, quand par hazard je rencontrai un
» *Quietiste*, qui me dit, que toute la Religion devoit être interieure, & que tous
» ses devoirs étoient concentrez dans la *Méditation*, & dans la priere *éjaculatoire*.
» Il invectiva avec aigreur contre la maniere, dont tout le Clergé de l'Europe fait
» une espece de comédie de la Religion ;
» L'Italie, selon lui, étoit un Theâtre où
» les Ecclesiastiques donnoient aux spectateurs, un Opera magnifique, en machines & en décorations ; en un mot, il ne
» parla que trop judicieusement sur la Religion des autres, mais quand il en vint
» au détail de la sienne, je n'y trouvai rien
» qu'un squelette difforme tellement envelopé de ténêbres, & enfoncé dans les cavernes les plus sombres de son Ame,
» qu'il me fut impossible d'en former une
» idée distincte ; ce n'étoit que *méditation*
» *sans Culte, dogmes sans pratique, réflexion sans réforme, zéle sans connoissance*,
» & tout ce que je pus aprendre de lui ; c'est
» qu'en Italie la Religion est *incognito*.

Cette idée de la Religion des Italiens est
exactement conforme, avec celle que m'en
ont donné d'autres Voyageurs, & par conséquent je dois la croire juste, quoique je
n'en sois pas convaincu par mes propres Sens.
On me permettra d'ajoûter à cette relation

un fait, qui s'est passé plus près de ma patrie, & dont j'ay été témoin oculaire.

En passant par la Flandre je trouvai beaucoup d'émotion parmi le peuple d'une Ville très-considerable. En voici la raison Un certain *scélérat*, que l'on noircissoit par les noms les plus odieux, étoit entré de nuit dans une Chapelle, d'où il avoit dérobé le Ciboire, où l'on conserve les *Hosties consacrées*, qui par la Transsubstantiation sont devenuës, à ce qu'on prétend, le véritable Corps de JESUS-CHRIST.

Dès que ce crime fut découvert il y eût une espece de tumulte dans toute la Ville; on ferma les portes sans permettre à qui que ce fut d'y passer; On fit les recherches les plus exactes & les perquisitions les plus soigneuses pour attraper le voleur. Il étoit impossible qu'on n'y réüssit point; on le découvrit à la fin, & cette découverte fut bien-tôt suivie de la sentence, & de l'éxécution.

On trouva à propos pourtant de lui donner auparavant la torture, pour savoir de lui ce qu'il avoit fait du *bon Dieu*, dont il s'étoit aproprié le domicile. Il confessa qu'il l'avoit jetté dans un privé, & l'on ordonna aux Archers de le mener là, afin qu'il montrât l'endroit, dont il s'agissoit.

Quoiqu'il parût difficile de démêler cette petite *Espece*, d'avec les ordures, qui remplissoient ce sale lieu, on prit néanmoins toutes les peines imaginables pour la trouver, & quand on vit que tous ces soins étoient inutiles, on décida que cet endroit étoit devenu Saint & Sacré *ipso facto*, & qu'il falloit en faire une Chapelle, afin d'y expier par des prieres l'afront qui avoit été fait au Seigneur, en jettant son corps précieux, dans un lieu si vil & si abject. Les plus éclairez de ces habilles gens opinerent, que ce corps n'étoit point tombé au milieu de ces ordures, mais que par sa *force inherente*, il devoit s'être élevé dans les airs, où naturelement il devoit avoir été reçû par une Legion d'Anges trop prudens pour soufrir que leur Seigneur & Maître fut pollué par des matieres fécales. Quoiqu'il en soit, le peuple accourut en foule à cet endroit pour y faire leurs dévotions, & quelque tems après on y bâtit une grande Chapelle, où selon toutes les aparences, on continuë encore à faire des *prieres expiatoires*.

La Religion des Polonois n'est pas moins digne de la plus forte censure ; j'ai eu l'honneur de voyager avec un Gentilhomme de ce Pays-là, qui m'a donné une relation très-détaillée, de tout ce qu'il y a de plus remarquable dans la Religion de la Pologne, & de la Moscovie

Dans la Pologne, à ce que j'ai apris de lui, regne la plus grande confusion, & dans l'Etat & dans l'Eglise, & malgré leurs guerres perpetuelles les Polonois sont d'aussi si grands persécuteurs, qu'il est possible d'en trouver dans le Monde. Il est vrai qu'ils ont une si grande tolerance pour les Juifs, qu'à *Lamberg*, & dans la *Kiovie* on en compte plus de trente mille. Bien loin d'être persecutez, ils y joüissent d'un grand nombre de privileges, & d'exemptions, quoiqu'ils refusent à Jesus-Christ le Titre & la Dignité de Messie, & qu'ils se fassent un devoir d'accabler son nom de blasphêmes. Mais il est certain aussi qu'ils marquent une ardeur détestable, à persécuter les Protestants, & à détruire leurs Eglises, par tout où ils sont les plus forts.

Il faut avoüer aussi, que ces Protestans sont indignes de porter ce nom, quoiqu'ils souffrent les dernieres miseres pour l'amour des Dogmes qu'ils admettent. On les apelle *Sociniens*, & leur Maître *Lelius Socin* a répandu si universellement ses erreurs par tout ce Pays, qu'il y a dans toute cette vaste étenduë un grand nombre de Personnes, qui ne reconnoissent Jesus-Christ, que pour un homme de bien envoyé au Monde pour instruire les hommes, & non pour les racheter par son sang, & pour les sanctifier par son Esprit. Pour ce qui regarde la Divinité du Saint Esprit, ils ne daignent pas s'en mettre en peine.

Après avoir rendu compte de la croyance & de la Dévotion des Peuples, qui se soûmettent à l'Eglise Catholique Romaine, il ne ne sera pas hors de propos, ce me semble, de dire quelque chose des Chrétiens de l'Eglise Grecque.

Il y a dans l'Empire du Czar de Moscovie, un prodigieux nombre d'Eglises de bois, & peut-être que l'on pourroit dire du bien de la Religion de ces Pays, si les Prêtres n'y paroissoient pas être de la même matiere. Le Peuple y est en général d'une dévotion extraordinaire, & rien ne seroit plus loüable, si cette disposition n'étoit pas accompagnée de la plus crasse ignorance, qu'il est possible de rencontrer dans aucun Pays, où l'on fait profession du Christianisme.

En traversant ces vastes Etats, j'ai trouvé que Jesus-Christ y faisoit une figure si petite en comparaison de S. Nicolas, qu'on est forcé d'en conclure, que la Religion y est entierement engloutie par la superstition. Ce qu'il y a de plus déplorable, c'est que la conduite du Peuple, en matiere de Religion y est fondée sur une opiniâtreté si outrée, *peché originel de cette Nation*, qu'il est absolument inutile de songer à réformer ses abus les plus extravagants.

Peut-être aura-t'on de la peine à m'ajoûter foi, quand je dirai, qu'il n'y a pas dans l'Univers entier un Peuple plus grossierement ignorant que les Moscovites, & plus excessivement entier dans ses opinions ; mais on en tombera d'accord, si l'on veut bien prêter attention à l'Histoire suivante attestée

par

par un grand nombre de personnes, dont la probité ne sauroit être revoquée en doute.

Après la bataille de *Nervu*, où le Roy de Suéde *Charles* XII. defit une grande Armée de Russiens, il entra dans leur Pays avec ses troupes victorieuses, & selon toutes les aparences, ses Soldats y commirent d'assez grands desordres.

Les Moscovites, qui se trouvoient alors dans l'état le plus pitoyable, ne manquerent pas d'avoir recours aux Prieres ; j'en ai vû quelques-unes, mais le nom de Dieu n'y est pas mentionné seulement ; Saint *Nicolas*, y tient la place du Créateur du Ciel & de la Terre, & l'on peut juger de la teneur de toutes, par celle-ci.

O toi nôtre Protecteur perpetuel dans nos miseres, tout puissant Saint NICOLAS, *quel crime avons nous commis, & qu'elle offence t'avons-nous faite dans nos sacrifices, dans nos genuflexions, nos reverences, & nos actions de grace, pour que tu nous ayes abandonnez de cette maniere ? Nous avons déja fait plusieurs efforts de dévotion, pour t'apaiser & pour obtenir ton secours contre des ennemis & des destructeurs terribles, insolens, intrepidés & furieux, lorsque comme des Lions, des Ours, & d'autres bêtes feroces, qui ont perdu leurs petits, ils nous ont assailli d'une si cruelle maniere. Nous sçavons bien qu'ils n'ont pas pû réüssir sans le secours des enchantemens, dans les entreprises, qu'ils*

Tome. V. T *ont*

ont faites contre nous, qui sommes ton Peuple, & qu'ils ont pris & tuez par milliers, quoique nous nous fussions retranchez d'une maniere imprenable, pour défendre ton Saint Nom. Nous te prions derechef, ô Saint NICOLAS, de vouloir être nôtre Champion, de porter nôtre étendard, & d'être avec nous dans la Paix, dans la Guerre & dans toutes les occasions, où nous aurons besoin de ton Assistance. Protege-nous à l'approche de la mort contre cette troupe horrible & tyrannique de sorciers, & chasse-les loin de nos frontieres, en les punissant selon leurs mérites.

Je me contenterai de donner ce seul échantillon de la devotion Russiénne, & je passe à l'Etat où la Religion se trouve parmi les Protestans. Je suis dans l'intention d'en rendre un compte impartial, & par là je me flatte qu'il sera exact.

Il y a certainement une grande difference entre la Religion dont nous venons de parler, & celle de certains Chrétiens Reformez de l'Allemagne, appellez *Lutheriens*. Cependant c'est *Papisme*, & ce n'est point *Papisme*; ils n'ont point de *Transubstantiation*, mais ils ont une *Consubstantiation* à la place. Leur service differe de la Messe, mais ce qui y manque est rempli par le bruit des Violons, des Haut-bois, des Trompettes, & des Tymbales, ce qui me fait croire que si dans le Lutheranisme on n'est point

en

en danger de tomber dans le *Catholicisme*, on y eſt en danger au moins de donner dans la *Superſtition*.

Pour la *Pieté* qui fait l'eſſence de la Religion, je n'en ai pas trouvé de fort grandes marques parmi ceux de cette Secte, & c'eſt pourtant là le but principal de mes recherches : j'entens par *Réligion*, moins les Dogmes qu'on fait profeſſion d'admettre, & l'attachement qu'on a pour une certaine Confeſſion de Foi, qu'une conduite, qui répond aux Maximes de la Religion qu'on a adoptée. Qu'eſt-ce que c'eſt qu'une Religion qui n'influe pas ſur la pratique ? Je ne contredis pas le ſentiment de certaines perſonnes, qui prétendent qu'une veritable Religion ne ſauroit ſubſiſter, ſi elle n'eſt pas fondée ſur des principes raiſonnables & certains. Ce n'eſt pas là ce dont il s'agit ; il n'eſt queſtion que de ces Chrétiens dont la Doctrine peut être ſaine eſſentiellement, mais qui malgré leur Orthodoxie donnent dans le dereglement, & négligent les devoirs de la Pieté.

En un mot, mon deſſein n'eſt ici que d'examiner la Religion du côté de la pratique. Je trouve une eſpece de Theorie preſque par tout, au lieu que la Pieté ne s'offre preſque nulle part à mon examen.

La cenſure équitable & judicieuſe doit tomber ſur tout ſur la negligence des hommes par rapport à cette partie de la Religion.

gion. Un Peuple à qui Dieu n'a pas accordé la Benediction de le connoître, est plus digne de compassion que de reproches ; & ce seroit faire une Satyre qui retomberoit sur son Auteur, que de faire le bel Esprit sur la stupidité des Negres, & sur l'ignorance dans laquelle ils vivent, de la Doctrine salutaire de l'Evangile. Mais si l'on s'efforçoit à mettre dans tout son jour la brutalité des Chrétiens habitans des Barbades, & de la Jamaïque, qui bien loin de se donner la peine d'instruire les Sauvages, les méprisent assez pour leur refuser le Batême, on feroit une Satyre juste & sensée.

J'en reviens aux Lutheriens, dont j'ai consideré de près la conduite dans plusieurs Cours, & dans plusieurs Villes d'Allemagne. Ces Cours se piquent de galanterie, & de magnificence, jusqu'à un tel point, & avec tant de passion, qu'ils semblent vouloir effacer toutes les autres Nations. Ils ont tant d'attachement pour ce *Rien* appellé *Pompe*, qu'ils y concentrent toutes leurs affections, & qu'il n'est pas possible, qu'ils ayent le loisir de songer à des objets, que les gens sensez trouvent infiniment plus dignes des soins d'un Etre raisonnable.

La premiere chose, qu'on sacrifie dans ces Pays à l'ostentation, & à l'envie de paroître, c'est la Liberté des Sujets, qui par la constitution du Gouvernement, ou simplement par la Coûtume, sont soûmis au
pouvoir

pouvoir despotique du Prince, & qui sont obligez de fournir, non seulement tout ce qu'ils peuvent épargner, mais encore tout ce qu'ils ont, aux penchans d'une Cour entierement dévouée au plaisir, & au faste.

Par tout ce que j'ai pû remarquer de la maniere de vivre des Princes & des Sujets, les derniers paroissent être créez exprès pour les premiers. Il en est ainsi dans tous les Etats de l'Allemagne, c'est un joug que la Coûtume impose aux Peuples, & qu'ils semblent subir sans contrainte. Le Despotisme y est monté à tel point, que les coffres des Souverains y sont comme le reservoir general, vers lequel coulent tous les tresors du Pays, & d'où ils se répandent de nouveau. De la même maniere que tout le sang du corps passe dans un certain temps par le cœur, tout l'argent du Pays passe une fois par an par les mains des Tresoriers du Prince.

Je ne sçai pas trop bien si la pauvreté & la misere sont fort propres à inspirer de la Dévotion à ceux, qui en sont accablez; mais je sai bien, que si la pieté est compatible avec le luxe, le faste, l'opression & la Tyrannie, il n'est pas impossible qu'il n'y ait beaucoup de Religion dans les Cours dont je parle.

Il est vrai que l'Ecriture Sainte parle avec éloge de la magnificence du plus sage Roy, qui ait jamais gouverné le peuple de Dieu,

Dieu; mais elle s'exprime là-dessus d'une maniere, qui depeint moins la Gloire du Monarque, que l'Etat florissant de ses Sujets, qui étoit un effet des soins paternels que ce Prince se donnoit pour les rendre heureux. Elle nous dit que Salomon avoit rendu à Jerusalem *l'or & l'argent aussi communs, que les pierres de rues*; expression la plus forte dont il soit possible de se servir pour donner une grande idée de la félicité d'une Nation.

J'ai entendu dire que le Roy de Prusse* se fait une Gloire d'imiter de tout son pouvoir la conduite de ce grand Roy d'Israël. Ses propres Sujets le publient par tout, & tous leurs discours sont remplis des qualitez genereuses, & veritablement Royales de ce Prince. Il est un Pere si tendre de ses Sujets, qu'il aplique tous ses soins à faire fleurir leur commerce, & leurs manufactures, & à augmenter leur nombre, en donnant des Priviléges aux Etrangers, qu'il croit capables d'encourager son Peuple, & de le rendre plus industrieux. Bien loin de songer à les oprimer, il écoute toûjours leurs griefs, & ne manque jamais d'y remedier, dès qu'il en est instruit. En un mot, nous voyons briller dans toute sa conduite le caractere auguste & aimable d'un Prince sage, juste, & débonnaire; ce qui fait voir que malgré cette sorte de Gouvernement, dont la forme est tirannique, un Roy peut n'être pas

* Le Pere du Roy régnant.

un Tyran. C'est-là une heureuse exception à la regle generale ; mais ce cas particulier n'empêche pas que la constitution du Gouvernement, qui est à peu près la même dans toutes les Cours du Nord quelle qu'en puisse être la Religion dominante, ne soit directement opposée aux veritables fins de la Monarchie, qui n'a été introduite dans le monde, que pour le repos & pour la prosperité des Peuples.

On remarque cette verité generalement dans toute l'Allemagne, où la magnificence des Cours & la prosperité des Sujets ressemblent aux deux Hemispheres du Monde, dont l'un est brillant & lumineux, à proportion que l'autre est sombre & obscur.

Comment peut-on se flatter de trouver la Religion dans un Pays, où le Peuple doit être miserable, afin que les Grands-Seigneurs ayent un équipage pompeux ; où les Sujets sont forcez de mourir de faim, afin que le Prince fasse gemir sa Table sous mille mets inutiles ; où ils doivent soupirer, afin qu'il se divertisse ; en un mot où le Peuple doit contribuer jusqu'à son nécessaire, non pour la défense de la Patrie, ni pour des efforts extraordinaires, qui puissent mettre une Nation en état de résister à un puissant Ennemi ; mais uniquement pour soûtenir le faste, le luxe, l'ambition & l'extravagance du Souverain.

Cette Reflexion n'est que trop confirmée

par

par la maniere de vivre des Ecclesiastiques de ces Pays Lutheriens. Ils sont prodigieusement jaloux de leur *Hierarchie* ; ils craignent à la mort une nouvelle Réformation, ou plûtôt une Réformation poussée plus loin persuadez, que comme elle a porté un coup mortel à l'Eglise Catholique Romaine, elle pourroit bien encore faire le même Gouvernement Ecclesiastique. C'est pour cette raison, qu'ils mettent, pour ainsi dire, une palissade devant leur Eglise, pour en éloigner les autres Protestans, & qu'ils semblent crier à pleine gorge, *loin d'ici : car nous sommes plus saints que vous*. De-là naît leur zéle persecuteur contre les autres Réformez, qui ne conviennent pas de tous leurs Principes, & qui cependant ne refuseroient pas de faire un même Corps avec eux. Ce zéle les ronge, & les persecute à leur tour. Leur cœur est toûjours rempli de troubles, & d'agitation ; il est inaccessible à la charité ; & comment la Religion peut-elle fixer son sejour dans une Ame, d'où la charité paroît bannie pour jamais. Par conséquent ce n'est pas encore sous ce Climat, que je trouve cette Religion, dont je cherche les traces avec tant d'empressement.

J'ai voyagé moi-même par le cœur de la France, comme on le voit à la fin de mon premier Volume, depuis les Pyrenées jusqu'à Toulouse, & de-là par Paris jusqu'à Calais. Dans toute cette étenduë de Pays,

j'ai

j'ai trouvé le Peuple si gai, & en même tems si miserable, que je n'ai pas sû quelle idée j'en devois avoir. La pauvreté des gens du commun étoit telle, que naturellement toutes leurs pensées devoient rouler sur les moyens de porter leur fardeau, & que toute leur dévotion sembloit aboutir à devoir demander au Ciel leur pain quotidien. Cependant graces à leur heureux Naturel, ils rioient toujours ; on auroit dit qu'ils alloient à l'Eglise en dansant, & qu'ils en revenoient en chantant.

Je trouvai dans ce Royaume un prodigieux nombre de Docteurs, mais je n'y découvris personne qui en doctrinât. Les ruës étoient toutes pleines de Prêtres, & les Eglises entierement remplies de femmes. Pour la Religion, la plus grande partie du Clergé, bien loin d'en avoir, ne savoit pas seulement ce que c'est. Jamais Nation ne fut plus feconde en Guides aveugles ; jamais Ecclesiastiques ne furent plus ignorans par raport aux Dogmes, & il n'est pas possible d'être plus éloigné des bonnes mœurs que l'étoient ceux, à qui les autres alloient demander l'absolution de leurs péchez.

Dans le tems que je cherchois avec ardeur la Religion des François, je rencontrai par hazard un bon *Huguenot*, qui se cachoit de ses sentimens, comme d'un crime. Voici le compte qu'il me rendit de l'Etat, où la Religion se trouve en France.

Il y a quelque tems, dit-il, *que le Roi a mis la Religion à l'épreuve, en cassant l'Edit de Nantes, & en forçant les Huguenots d'abjurer leur Foi, ou bien d'éviter une action si cruelle, en se dérobant furtivement à la cruauté de leurs Persécuteurs. Nous crûmes alors qu'on trouveroit une grande doze de Religion dans toutes nos Provinces, mais il en resta fort peu dans le creuset de la Persécution. On s'imagina d'abord que cette cruelle maniere de convertir déplairoit aux honnêtes gens d'entre les Catholiques, & qu'ils auroient le cœur trop noble, pour se laisser employer dans l'exécution d'un dessein si barbare ; mais on se trompa. Un bon nombre se fit un plaisir d'être les ministres de la fureur des Prêtres, & d'autres parurent en considerer les effets comme un spectacle agréable, ce qui fit voir que ces honnêtes gens prétendus n'avoient point de principes de Vertu, ou bien qu'ils ne se faisoient pas une affaire d'agir contre ces principes, ce qui est encore plus détestable. Pour nous autres Huguenots, nous témoignâmes clairement que nous ne perdions pas grand chose, en perdant la liberté d'adorer Dieu à nôtre maniere. Ceux qui trouverent bon de sortir du Royaume, oublierent d'emporter leur Religion avec eux, & ceux qui resterent, sacrifierent leur conscience à leur repos, ou à leur fortune. Ces derniers ne sont ni Papistes ni Réformez, ce ne sont que de vrais Hy-*
pocrites

pocrites, qui se courbent devant l'Ido'e, & qui assistent à la Messe avec un cœur Protestant. Où donc, lui dis-je, réside cette Religion dont tout le monde fait une si grande parade ? *En verité*, me répondit-il, *il est difficile de vous le dire ; s'il n'y en a pas une petite portion dans les Galeres ; je crois qu'elle n'est nulle part*. Cela s'apelloit limiter la véritable Eglise de France, dans le nombre d'à peu près 350. *Confesseurs*, qui souffre un Martyre perpetuel pour la Foi, & mettre toute la Religion des François à la Rame.

Avant que de le quitter, j'eus la curiosité de lui demander, ce qu'il vouloit dire par ces Huguenots, qui avoient abandonné leur Patrie, sans emporter leur Religion avec eux. Il me repliqua, que je comprendrois parfaitement le sens de ces expressions, quand je serois de retour en Angleterre, & que j'examinerois la conduite des Refugiez, en comparant leurs actions & toute leur maniere de vivre à la régularité, qu'on devroit attendre naturellement d'un Peuple qui vient d'être persécuté pour la Religion. *Si vous trouvez*, ajoûta-t il, *que cet examen leur soit avantageux, faite moi la grace de me l'écrire, afin que les mauvais bruits qui courent d'eux, ne me trompent plus & ne m'empêchent de les aller joindre*.

Quelque tems aprés mon retour en Angleterre, lorsque j'étois le plus occupé à continuer par la Lecture, la recherche de la Religion, que j'avois commencée dans mes Voyages, on ordonna en Angleterre une action de Graces publique & solemnelle pour une Victoire obtenuë par les Anglois & par leurs Alliez à.... Il n'est pas nécessaire de désigner l'endroit où se donna la Bataille, & d'en marquer le tems. Ces circonstances sont étrangeres au recit que je vais faire de cette solemnité.

La nouvelle qu'on m'en donna, me mit en extaze ; *Je l'ai trouvée, à la fin*, dis-je en moi-même, *cette Religion, & ce qui me charme le plus, c'est qu'après l'avoir cherchée en vain dans les Pays étrangers, je la rencontre dans ma propre Patrie.* Là-dessus j'admirai mon extravagance de ne m'être pas épargné une recherche si penible, en commençant mon examen par l'Angleterre, & je me reprochai d'être semblable à la plûpart des Voyageurs, qui se fatiguent le Corps & l'Ame, pour se repaître de ce qu'il y a de curieux & de remarquable chez les Etrangers, sans se mettre en peine de tout ce qu'il y a de digne d'attention dans le Lieu de leur Naissance.

Je ne manquai pas de prendre la résolution d'aller voir, à quelque prix que ce fût, cette pieuse Ceremonie, & comme les préparatifs en étoient prodigieux, je demandai à mes amis en quoi elle devoit consister principalement ; personne ne fut capable de m'en m'en inftruire, parce que de mémoire d'homme on n'avoit pas celebré une pareille Fête dans la Grande-Bretagne. Tout ce qu'on m'en peut dire, c'eft que ce feroit quelque chofe de fort beau, que la Reine y affifteroit elle-même avec toute la Nobleffe, & qu'il ne s'étoit rien vû de pareil depuis le Regne de la Reine Elifabeth.

J'étois ravi de plus en plus, par ces magnifiques promeffes, & mon imagination fe rempliffant des idées des folemnitez religieufes, qu'on avoit célébrées autrefois chez les Nations dévoüées au Culte de la Divinité, je ne m'attendois à rien de moins grand que la pieufe magnificence dont Salomon avoit fait la dédicace du Temple, & que la Fête de Réformation, qui avoit été celebrée fous le Roi *Jofias*. En un mot, j'efperois de voir des Ceremonies dont la Pompe ne ferviroit que d'ornement à une veritable pieté.

Ce qui me choquoit un peu, c'étoit d'aprendre, qu'on n'avoit jamais folemnifé un pareil jour depuis la Reine Elifabeth. Je me mis d'abord dans l'efprit, que la mode du Pays ne permettoit qu'aux Reines feules de publier *un jour d'actions de Graces*, mais cette penfée ne me fatisfit pas entierement, & pour contenter là-deffus ma curiofité, je feüilletai pendant affez long-temps nos Hiftoires; mais j'y cherchai en vain la raifon de cette particularité. Je m'adreffai à la fin à un *vieux Royalifte*, qui avoit fervi autrefois

dans

dans les Troupes du malheureux Roi Charles, qui me dit que rien ne lui étoit plus facile, que de donner la raison de ce qui m'embarassoit si fort. Depuis la Reine Elisabeth, continua-t-il, jusqu'à nos jours, on n'a point adressé à Dieu d'actions de Graces solemnelles, parce qu'il n'y a point eu de Benedictions publiques qui pussent en être le motif. Quelles Victoires la Nation a-t-elle remportée depuis ce temps-là, excepté deux ou trois obtenuës par le Roi Guillaume en Irlande? On n'en a point témoigné de reconnoissance publique envers le Ciel, parce qu'on étoit trop occupé, & que d'ailleurs ces avantages étoient contrebalancez par des pertes que nous soufrions dans d'autres Pays.

Cette raillerie étoit piquante, mais il n'y avoit que trop de verité. Elle ne m'empêcha pas neanmoins d'avoir une très-grande idée, de la gravité, & de la dévotion sérieuse, que je m'attendois à voir éclater dans la joye même qui devoit accompagner cette action de graces. Cette esperance me porta à m'assurer d'une place hors de l'Eglise, & dans l'Eglise même, pour pouvoir remarquer chaque partie de cette solemnité.

Le jour arriva à la fin, & je crus d'abord que ce spectacle passeroit mon attente, quand je vis une troupe innombrable de Personnes, qui se pressoient pour entrer dans le Temple avec une ardeur, que ma charité stupide me fit prendre pour le zéle le plus estimable.

Je

Je confiderois que le but de toute cette foule devoit être de rendre graces au Ciel, d'une Victoire, qui promettoit à la Patrie la Paix & la Profperité, & j'en concluois, que j'allois voir éclater une joye femblable à celle des Ifraëlites, quand parvenus jufqu'au Rivage, ils virent les Egyptiens, qui les pourfuivoient, engloutis par la mer, avec leurs chevaux, & avec leurs chariots. Je ne doutois pas qu'on n'entonnât des Cantiques pareils à ceux que chanta Moïfe dans cette occafion, & qu'on ne les entonnât avec la même pieté fervente.

J'en fus bien-tôt defabufé, & je remarquai en moins de rien, que la Reine avec la dixiéme partie du Peuple, alloit fervir de fpectacle au neuf autres parties, & que c'étoit-là ou aboutiffoit tout ce flux & reflux inquiet de cette prodigieufe multitude.

Quand Sa Majefté arriva au veftibule du Temple, & qu'elle defcendit du Caroffe, le Peuple au lieu de crier *Hofanna, benie foit la Reine, qui vient au nom du Seigneur,* ne cria *qu'au fecours, au meurtre!* On fe fouloit aux pieds les uns les autres, & l'endroit par où la Reine venoit de paffer reffembloit à un champ de bataille.

On y voyoit des monceaux entaffez de femmes & d'enfans, qu'on venoit d'arracher de la preffe, & qui fembloient pouffer les derniers foupirs. Je m'adreffai à quelques-uns de ces malheureux, pour leur demander

mander, ce qui les avoit portez à se jetter inconsiderément au milieu de cette foule; ils me répondirent tous d'une même voix que c'étoit pour voir la Reine, comme les autres.

Cette réponse me confirma dans l'opinion, que le seul but de cette fête solemnelle, du moins hors de l'Eglise, étoit de voir Sa Majesté. J'esperai pourtant que dans le Temple même les choses auroient toute une autre face, & je fus occuper la place que j'y avois loüée, & qui me coutoit trois bonnes Guinées tout au moins.

Il m'arriva justement d'être placé au milieu des Siéges, qui étoient remplis, des Ecclesiastiques qui devoient celebrer la Gloire de Dieu, par le *Te Deum* & par des Antiennes. Je me faisois un plaisir de regarder leurs vêtemens & tout leur air; j'y trouvois de la gravité, de la bienséance, & quelque chose de conforme à cette espece de *Triomphe Religieux*, & je m'attendois à les voir s'acquiter de leur emploi, avec la même gravité, qui étoit ordinaire autrefois aux Levites, qui sonnoient de la Trompette, dans le temps que le Peuple poussoit des cris vers le Ciel, pour loüer Dieu.

Mais il me fut impossible de rester longtemps dans cette opinion; je vis ces personnages si sérieux en apparence, dans certains intervalles, & lorsque ce n'étoit pas leur tour de chanter, prendre du tabac, ajuster leurs perruques, lorgner les Dames, & se
parler

parler à l'oreille, assez haut pour être entendus de ceux qui étoient près de là, des charmes d'une telle jeune Demoiselle, de la taille d'une telle *Lady*, des ajustemens d'une telle Duchesse, de la richesse d'une telle heritiere.

Il y avoit de l'indécence, non seulement dans les paroles dont ils se servoient, mais encore dans les gestes dont elles étoient accompagnées. J'en rougis de honte pour eux, & je me dis à moi-même ; *Ce ne sont pas là les gens, pour l'amour desquels je suis venu ici. Où peuvent se cacher ceux qui doivent être la bouche de tout le Peuple, pour exprimer la reconnoissance des bienfaits signalez, qu'il vient d'obtenir du Ciel ?*

Dans le temps que j'étois occupé de cette triste réflexion, l'orgue entonne le *Te Deum*. Dans le moment même tous mes gens se levent, comme s'ils venoient de recevoir une inspiration d'en haut, & se mettent à celebrer la Gloire de Dieu, par des Antiennes toutes celestes, chantées avec beaucoup plus de grace que de devotion.

Au milieu de cette Musique, executée avec tout l'art imaginable, quand je me croyois presque enlevé dans le Ciel, & que je commençois à me reconcilier avec toute la solemnité, je vis un mouvement dans l'Assemblée, comme si elle étoit troublée ou effrayée, par quelque cause subite ; les uns disoient qu'il tonnoit, d'autres qu'un trem-
blement

blement de terre alloit faire crouler le Temple sur ses fondemens; la verité étoit, que le bruit de plus de cent pieces de Canon, accompagné du tintamarre d'un grand nombre de *Tambours*, & des *Huzza* du Peuple, qui couvroit les ruës, répondoit à la mélodie du *Te Deum*. Je ne comprenois pas la raison de tout ce *fracas*, & je ne m'en mettois gueres en peine; il me sembloit seulement qu'il n'y avoit pas beaucoup d'harmonie, & qu'il n'accompagnoit pas trop bien les voix & les instrumens, qui chatoüilloient si agréablement mes oreilles, en portant mon Ame à la dévotion. Heureusement cette dissonance ne dura pas long-temps, & le service fut continué d'une maniere tranquille.

Quand l'Antienne fut achevée, & qu'on en étoit venu à d'autres parties du service, je ne voulus plus tourner mes yeux vers les Messieurs, qui composoient le *Chœur*, & dont les manieres & les discours m'avoient donné quelque scandale. J'aimai mieux les jetter sur la foule, qui m'environnoit, pour voir si je n'y pourrois pas découvrir quelques personnes véritablement Religieuses, dans l'air desquelles fussent peints les ravissemens, & les extases de leur Ame.

Helas! c'étoit par tout la même chose; l'unique occupation des Dames étoit de regarder quelque Cavalier plus agréable à leurs yeux que les autres, & les Messieurs faisoient leur seule affaire d'attacher leurs regards sur quelque Dame distinguée par ses agrémens. L'Etoile & la Jartiere d'un beau jeune Seigneur riche dans ses ajustemens, tout brillant de joyaux, & caracterisé par son ruban bleu, détournoient les yeux d'un si grand nombre de femmes de leur Livre de Prieres, que les Marguilliers auroient bien fait de faire sortir *sa Grandeur* de l'Eglise, afin qu'il ne troublât plus le service, & qu'il ne derobât pas au *Tout-puissant* les hommages dont il devoit être le seul objet.

Pour la Reine, c'étoit l'Etoile polaire du Jour, plus d'yeux étoient fixez fur Elle, qu'il n'y en avoit de levez vers le Ciel, quoique la deftination particuliere de ce Jour fût d'adreffer uniquement les penfées à la Divinité.

Tout ceci, dis-je en moi-même, *eft extrèmement beau; mais je n'y découvre pas la moindre Religion. Je prie le Ciel de me tirer fain & fauf de cette foule, & je lui promets que je n'affifterai plus à une Fête, qui ne paroit être ordonnée que pour fe moquer de la Divinité. Quel ridicule empreffement pour voir la Reine! Le Peuple ne peut-il pas aller la voir dans fon Palais, où l'on peut joüir de ce bonheur fans peine? Faut-il qu'ils viennent ici pour prophaner le Temple de Dieu & pour faire une Idole de leur Souveraine?*

J'avouë que j'étois dans une grande colere, & contre les fpectateurs, & contre toute la Ceremonie même. Dans cette difpofition d'efprit je fis plufieurs autres reflexions fatyriques fur tout ce qui venoit de frapper mes Sens; mais je ne les communiquerai pas au Lecteur; il feroit trop facile d'en faire l'application, & le pauvre *Robinfon Crufoe* n'eft pas d'humeur à défobliger qui que ce foit.

La fin de cette fainte journée étoit encore plus extravagante, que tout le refte; *l'action de graces étoit paffée de l'Eglife au Cabaret*; au lieu de la *décence d'un triomphe religieux*, on ne vit que le *triomphe d'une indécence religieufe*, & les Antiennes & le *Te Deum* firent place aux fufées, aux feux de joye, à l'ivreffe & aux coups de bâton.

Ce n'eft pas mon affaire d'examiner jufqu'à quel point la Divinité fe plaît à toutes ces actions brüyantes, qu'on baptife du beau nom *d'action de graces folemnelle*. C'eft à ceux qui y font intereffez à faire là-deffus les réflexions les plus ferieufes.

Fin du Cinquième Tome.

TABLE DES CHAPITRES

Contenus au cinquiéme Tome.

INTRODUCTION. Pag. 1

CHAP. I. *De la* SOLITUDE. *Elle est incapable de rendre l'Homme heureux, & fort mal assortie aux devoirs d'un Chrétien* 2

CHAP. II. *Essai sur le caractere d'un Honnête Homme. Comment ce terme est entendu communément l'opposant à celui de Malhonnête Homme.* 24

De l'Honnêteté ou du Caractere d'Honnête Homme en général. 39

De la Pierre de touche de la vraye Honnêteté. 54

Du Caractere d'Honneste Homme, par rapport aux promesses. 80

Du Caractere d'Honneste Homme relatif à certains devoirs particuliers. 96

CHAP. III. *Des Vices qui regnent dans le commerce civil, & des Irregularitez ordinaires de la conduite des Hommes.* 104

De ce qui rend les hommes incapables de contribuer aux agrémens raisonnables de la Société. 115

Des Vices de la Conversation en general. 121

Des moyens de reformer la Conversation. 126

De la Conversation avilie par l'Athéïsme & par la Profanation. 136

Du Discours obscene. 148

Des Discours contraires à la Verité. 156

CHAP. IV. *Essai sur l'Etat présent de la Religion dans le monde.* 166

Fin de la Table du Cinquiéme Tome.

www.ingramcontent.com/pod-product-compliance
Lightning Source LLC
Chambersburg PA
CBHW070650170426
43200CB00010B/2188